Vorwort

> „Beurteile den Menschen nicht nur danach, was er erreicht hat, sondern auch danach, wohin er unterwegs ist.“
> *Ernst Reinhardt*

Liebe Leser*innen, liebe Kolleg*innen,

Sie haben das Verfassen von Beurteilungen und Zeugnissen nicht von der Pike auf gelernt? Das ist nicht verwunderlich, denn noch immer wird dieses wichtige Thema in Ausbildungen mit pädagogischem Kontext vernachlässigt. Doch keine Sorge: Mit diesem Heft haben Sie alle erforderlichen Informationen, die Sie zur professionellen Fertigung von Beurteilungen und Zeugnissen benötigen.

Beurteilungen und Zeugnisse zu erstellen, gehört zum Alltagsgeschäft von Leitungskräften und es wird zu Recht erwartet, dass sie dies mit fundiertem Wissen und der gebotenen Gründlichkeit tun. Denn es handelt sich um Dokumente von großer Bedeutung. Sie begleiten Menschen ein (Berufs-)Leben lang, beeinflussen die persönliche und berufliche Entwicklung und wirken sich auf die Chancen im Arbeitsmarkt aus.

Beurteilungen sind ein wichtiges Führungsinstrument, wenn es darum geht, Überlegungen im Bereich der Entwicklung, Qualifizierung und Einsatzplanung von Personal anzustellen. Sie geben Auskunft darüber, wer über welche Fähigkeiten und Potenziale verfügt und wer sich in welchen Bereichen weiterqualifizieren muss. Dies setzt aber voraus, dass Zeugnisse und Beurteilungen sowohl professionell verfasst als auch richtig gelesen werden. Absolute Sicherheit vor Fehldeutungen wird es nicht geben, aber durch ein fundiertes Wissen zum Thema lässt sich dieses Risiko zumindest deutlich reduzieren.

Fachkräfte sind ständig mit neuen Aufgaben und Herausforderungen konfrontiert. Um diesen Veränderungen im pädagogischen Bereich Rechnung zu tragen, habe ich das Heft überarbeitet und ergänzt. Nicht nur das äußere Erscheinungsbild ist neu gestaltet, sondern auch weite inhaltliche Teile bezüglich der pädagogischen Aufgaben wurden aktualisiert oder erweitert. Besonders hervorheben möchte ich dabei die Themenkomplexe Beurteilungsgespräch, Personalentwicklung, Beschwerdemanagement, Konfliktmanagement, Kinderschutz, Partizipation und Ausbildung. Mit diesem Heft halten Sie eine überarbeitete Fassung des Longsellers „Beurteilungen & Zeugnisse“ in den Händen, der sich an den wesentlichen Aspekten der Bildungs- und Orientierungspläne der Länder sowie an den gängigsten pädagogischen Handlungskonzepten orientiert.

Dieser Leitfaden erhebt nicht den Anspruch, juristischer Ratgeber zu sein. Vielmehr soll er einen Beitrag dazu leisten, dass Sie Beurteilungen und Zeugnisse umfassend, objektiv, formal korrekt und aussagekräftig verfassen können. Deshalb beinhaltet er – kurz und prägnant – notwendiges Grundlagenwissen zum Thema, vor allem aber Beurteilungskriterien mit den entsprechenden Formulierungsvorschlägen, damit Sie Ihre qualifizierten Beobachtungen und Einschätzungen in treffende Worte fassen können.

Gutes Gelingen wünscht

Kurt Weber

Kurt Weber

Kurt Weber ist Sozialpädagoge, Betriebswirt und Kaufmann. Er verfügt über langjährige Erfahrung in unterschiedlichen Funktionen im Arbeitsfeld Kita und ist als Dozent in der Erwachsenenbildung und Kindheitspädagogik (BA) tätig. Bei Fragen oder für Rückmeldungen und Anregungen ist er erreichbar unter: KurtWeberFellbach@web.de

Inhalt

I. Basiswissen zu Beurteilungen und Zeugnissen

1. Beurteilungen

1.1. Wann wird eine Beurteilung erstellt?

Beurteilungen sind vor allem bei folgenden Anlässen notwendig und üblich:

- während und am Ende der Probezeit,
- beim leistungsorientierten Entgelt,
- bei Versetzung oder Übernahme einer anderen Tätigkeit.

Probezeit

Die Probezeit für Arbeitnehmer*innen beträgt sechs Monate und ist grundsätzlich jedem Arbeitsverhältnis vorgeschaltet. Die Einhaltung der Frist liegt im Verantwortungsbereich der jeweiligen Führungskraft. Für Arbeitnehmer*innen bedeutet dies, dass es nicht in ihrem Verantwortungsbereich liegt, auf die Einhaltung der Frist zu achten. Lässt der Arbeitgeber die Frist verstreichen, ohne sich geäußert zu haben, geht das durch die Probezeit befristete in ein dauerhaftes Beschäftigungsverhältnis über. Die Probezeit läuft unabhängig davon, ob die Mitarbeiter*innen in dieser Zeit eine Arbeitsleistung erbringen oder nicht (zum Beispiel wegen Krankheit, Kur oder Arbeitsbefreiung). Als bewertungsrelevant darf nur die Zeit gelten, in der die zu beurteilende Person auch tatsächlich gearbeitet hat. Eine einseitige arbeitgeberseitige Verlängerung der Probezeit ist nicht möglich. Bei Praktikant*innen beträgt die Probezeit drei Monate.

Die Probezeit soll Arbeitgeber und Arbeitnehmer*in die Möglichkeit geben zu prüfen, ob man längerfristig zusammenarbeiten möchte. Sie soll aber auch dazu dienen, das Arbeitsverhältnis unter erleichterten Bedingungen auflösen zu können. Deshalb sollten Sie nicht erst mit Ablauf der Probezeit, sondern bereits nach etwa zweimonatiger Tätigkeit eine erste, vorläufige Beurteilung erstellen, in der Sie beschreiben, wie die Person qualitativ und quantitativ die Anforderungen erfüllt. Wenn mögliche Defizite rechtzeitig festgestellt werden, können sie in der Folgezeit durch anleitende, beratende Unterstützungsmaßnahmen noch behoben werden. Ich empfehle Ihnen dringend, diese Maßnahmen sorgfältig zu dokumentieren. Denn sollten sie nicht zum Erfolg führen und es kommt zu einer Kündigung, haben Sie Nachweisbares in der Hand.

Nach etwa fünf Monaten Tätigkeit sollten Sie eine definitive Beurteilung erstellen, die die Grundlage für die Entscheidung über eine Weiterbeschäftigung oder Kündigung darstellt.

Soll das Arbeitsverhältnis wegen Leistungs- oder Eignungsmängeln innerhalb der Probezeit durch eine ordentliche Kündigung beendet werden, müssen Sie – wie bei jeder anderen Kündigung auch – die Personalvertretung beteiligen. Eine Kündigung darf nicht willkürlich, rechtsmissbräuchlich oder sittenwidrig sein, sondern muss fachlich begründet und nachvollziehbar sein. Doch in der Probezeit sind die Anforderungen an die Begründung geringer. Sie als Personalverantwortliche*r sollten natürlich nicht unangemessen hart urteilen, doch es ist wichtig, dass Sie die Fähigkeiten, die vorhanden sein müssen, um die wichtigen pädagogischen Aufgaben mit der gebotenen Qualität erfüllen zu können, realistisch einschätzen. Die Trennung von einer Fachkraft, die den Anforderungen fachlich oder persönlich nicht entspricht, ist erstens gerechtfertigt und zweitens im Rahmen der Probezeit am einfachsten zu realisieren. Ist sie in einem dauerhaften Arbeitsverhältnis angekommen, muss schon etwas Schwerwiegendes passieren, um eine Kündigung durchsetzen zu können.

Leistungsorientiertes Entgelt

Der TVöD (Tarifvertrag für den Öffentlichen Dienst) sieht nach §18 Absatz 6 Satz 1 eine leistungs- und/oder erfolgsorientierte Bezahlungsmöglichkeit vor.

Folgende Entgeltformen sind möglich:

1. Das Leistungsentgelt, das zusätzlich zum regulären Tabellenentgelt gewährt wird.
2. Die Leistungsprämie, die im Regelfall eine Einmalzahlung (normalerweise auf der Basis einer Zielvereinbarung) ist.
3. Die Erfolgsprämie, die in Abhängigkeit von einem bestimmten wirtschaftlichen Erfolg gewährt werden kann.
4. Die Leistungszulage, die zeitlich befristet und widerruflich gezahlt wird.

Der TVöD sieht für eine Leistungsbewertung folgende Möglichkeiten vor:

a) Zielvereinbarung im Sinne einer freiwilligen Vereinbarung zwischen Führungskraft und Beschäftigten über objektivierbare Leistungsziele (messbare Leistungserfüllung) oder
b) systematische Leistungsbewertung mithilfe eines Beurteilungssystems.

Nach §5 TVöD haben Beschäftigte einen Anspruch auf ein regelmäßiges, zum Beispiel jährliches, (Qualifizierungs-)Gespräch mit der Führungskraft, das auch in der Gruppe durchführbar ist. Dabei wird festgestellt, ob und welcher Qualifizierungsbedarf besteht. Vom Arbeitgeber veranlasste Qualifizierungsmaßnahmen werden grundsätzlich von diesem getragen.

Wenn Sie Zielvereinbarungs- und Beurteilungskonzepte entwickeln, müssen Sie darauf achten, dass diese nicht nur tragfähig, gerecht und motivierend sind, sondern dass sie auch einer gerichtlicher Prüfung standhalten. Eine Rechtsbeständigkeit der Kriterien ist dann erfüllt, wenn deren Objektivität sichergestellt ist, alle für eine Beurteilung entscheidenden Kriterien erfasst sind, die Zielvereinbarung realistisch ist, eine Diskriminierung einzelner Gruppen ausgeschlossen ist und Härtefälle (zum Beispiel längere Krankheit, Schwerbehinderung) berücksichtigt sind.

Personalentwicklung ist Leitungssache: Wo kann es für die einzelnen Mitarbeitenden hingehen?

Versetzung oder Übernahme einer anderen Tätigkeit

Vor einer Versetzung oder der Übernahme einer anderen Tätigkeit sollte eine Beurteilung erstellt werden. Diese dient als Grundlage für die Entscheidung, ob die entsprechende Person für das neue Aufgabenfeld fachlich infrage kommt. Sie kann auch Basis für das Dienstzeugnis beim Ausscheiden von Mitarbeiter*innen sein. Allerdings ist kein Arbeitgeber gezwungen, die Entscheidung über eine Versetzung oder über die Übernahme höherwertiger Tätigkeiten von einer Beurteilung abhängig zu machen. Wie und aufgrund welcher Erkenntnisse eine Personalentscheidung getroffen wird, ist alleinige Sache des Trägers. Eine intuitive Personalauswahl, die allein auf das „Bauchgefühl" gestützt ist, kann aber gravierende Folgen haben.

Weitverbreitet ist die Meinung, dass negative Bewertungen in einer Beurteilung grundsätzlich Nachteile für die beurteilte Person mit sich bringen. Doch das ist nicht immer der Fall:

Stellen Sie sich vor, dass Sie als Leitung eine Fachkraft suchen, die ähnliche Fähigkeiten und Interessen hat wie eine Mitarbeiterin, die Ihre Kita verlassen hat. Sie schreiben also aus, dass Sie eine Fachkraft suchen, die ein naturwissenschaftliches Interesse hat und bereit wäre, diesen Bildungsbereich verantwortlich zu übernehmen. Nachrangig wichtig ist Ihnen das Kennen von verschiedenen Beobachtungsverfahren. Auf das Know-how bezüglich der Erstellung von Bildungsprozessdokumentationen können Sie mittelfristig verzichten, da diese Kompetenzen in Ihren anderen Mitarbeitenden abgebildet sind. Sie haben also ein Anforderungsprofil erstellt, das aussagt, was die neue Fachkraft mitbringen muss und worauf gegebenenfalls verzichtet werden kann.

Nun erhalten Sie eine interne Beurteilung einer Fachkraft aus einer anderen Einrichtung Ihres Trägers, in der dezidiert steht, dass die Beurteilte ein großes naturwissenschaftliches Interesse hat und darin absolut fachlich fundiert ist. Andererseits wird der Beurteilten bescheinigt, dass sie im Bereich Beobachtungsverfahren und Dokumentationen noch über wenig Erfahrung und Wissen verfügt. Sie als Leitung haben nun die Möglichkeit, das Anforderungsprofil mit dem Bewerber*innenprofil abzugleichen. In diesem Fall wäre es für die bewerbende Fachkraft nicht von Nachteil, dass weniger stark vorhandene Kompetenzen in der Beurteilung erkennbar waren. Für die Leitung wäre es ein eindeutiger Vorteil, da sie erkennt, was sie von der neuen Fachkraft erwarten kann und was sie „on the job" noch an Anleitung und Qualifizierung zu tun hat.

Eine die wesentlichen Stärken und Schwächen umfassende, aussagekräftige Beurteilung kann also eine gute Grundlage für eine verlässliche Personalentscheidung sein. Und eine solche sorgfältig getroffene Entscheidung wird für Ihren Träger, für Sie als Leitung, für Ihre Mitarbeitenden, für die Eltern und insbesondere für die Kinder spürbar positive Wirkung zeigen.

1.2. Beurteilungen als Ausgangspunkt für Personalentwicklung

Personalentwicklung rückt zunehmend in den Mittelpunkt des Interesses bei der Bewältigung aktueller und künftiger Aufgaben in Arbeit und Beruf, nicht mehr nur im privatwirtschaftlichen Bereich, sondern auch in der Verwaltung. Personalentwicklung darf aber auch vor frühkindlichen Bildungsinstitutionen nicht haltmachen.

Denn auch dort ist eine immer schnellere und effektivere Anpassung an neue Gegebenheiten notwendig. Vor allem durch stetig knapper werdende finanzielle, personelle und zeitliche Ressourcen steigen die Anforderungen an die Kreativität, Flexibilität und Innovationsbereitschaft von Mitarbeiter*innen enorm. Nur qualifizierte und motivierte Fachkräfte können den Anforderungen der kommenden Jahre gerecht werden. Sie als Leitung oder Personalverantwortliche*r benötigen also eine gezielte und systematische Personalentwicklung als festen Bestandteil der Organisationsstrategie und -kultur. Dabei sollten Sie alles unternehmen, damit die richtige Fachkraft mit der richtigen Qualifikation zum richtigen Zeitpunkt am richtigen Platz der Organisation eingesetzt wird.

Hierzu bedarf es gezielter, systematischer Maßnahmen zur Gewinnung, Erhaltung, Förderung und Entwicklung der Beschäftigten, entsprechend den Notwendigkeiten der Organisation. Dabei sollten Sie gegenwärtige und zukünftige betriebliche Anforderungen berücksichtigen. Eine solche Personalentwicklung bezieht sich auf das gesamte Potenzial Ihrer Mitarbeiter*innen (personale Kompetenzen, Fähigkeiten, Wissen) und berücksichtigt gleichermaßen deren Ziele und Interessen sowie die der Organisationseinheiten und der gesamten Institution.

Damit die Personalentwicklung am richtigen Punkt ansetzen kann, ist es notwendig zu erheben, wo die Mitarbeiter*innen stehen. Führungskräfte müssen wissen, was ihre Mitarbeiter*innen leisten und was sie von ihnen erwarten können. Und Mitarbeiter*innen haben ein Recht darauf zu erfahren, was ihre Führungskraft von ihren Leistungen und ihrem Verhalten hält.

In diesen beiden Sätzen steckt ein in der Pädagogik häufig gebrauchter und inflationär verwendeter Begriff: die Reflexion. Und diese sollte nicht nur anlassbezogen und in größeren Abständen erfolgen, sondern permanent. Deshalb ist es für Sie als Führungskraft unabdingbar, sich ein gründliches Bild von der Qualität der Arbeit Ihrer Mitarbeitenden zu machen. Dies wird Ihnen nicht aus der Distanz gelingen – aufsuchende Beobachtung ist hier das Stichwort. Umso mehr notwendig ist dies, wenn Sie als Leitung nicht regelmäßig in die pädagogische Arbeit involviert sind, weil Sie zum Beispiel teilweise oder ganz vom Gruppendienst freigestellt sind. Von Ihnen als Führungskraft wird erwartet, dass Sie „auf Ballhöhe" sind und den Leistungsstand ihrer Mitarbeiter*innen zu jedem Zeitpunkt einschätzen können.

Sicherlich kennen Sie die Aussage „Wir holen Kinder dort ab, wo sie stehen"? Genau das trifft auch für Ihre Mitarbeiter*innen zu. Auch deren fachlichen Stand müssen Sie kennen, um die Weiterentwicklung planen zu können. Dabei sollten Sie auch berücksichtigen, dass Sie nicht von allen immer das Gleiche erwarten können.

Wenn Sie in Ihrer Kita mit einem offenen Konzept oder gruppenübergreifend genutzten Bildungsbereichen arbeiten, ist es normal, dass es manchmal zu Unschärfen kommt, wer was und wie zu tun hat. In Kitas sind Pädagog*innen mit unterschiedlichen Qualifikationen und in unterschiedlichen Funktionen tätig. Die ganze Breite des erweiterten Fachkräftekatalogs vom Dorfhelfer bis zur Kindheitspädagogin ist in der Kita vertreten. Weiter unterscheiden sie sich aber nicht nur durch die Ausbildung, sondern auch durch ihre Funktionen. Zwar werden die pädagogischen Fachkräfte weitgehend unabhängig von ihrer Ausbildung annähernd gleich bezahlt, doch sie haben unterschiedliche Aufgabenbereiche. In der Praxis übernimmt zwar nahezu jede pädagogische Fachkraft die Zuständigkeit für einen Bildungsbereich, hat Portfoliokinder zu verantworten, muss für diese das Bildungsmanagement im Blick haben, entsprechende Dokumentationen erstellen und Portfolios führen. Aber von Anerkennungspraktikant*innen oder PiA-Auszubildenden kann nicht die gleiche Qualität erwartet werden wie von berufserfahrenen Erzieher*innen. Ihre Aufgabe als Führungskraft ist es, genau darauf zu achten, was von wem erwartet werden kann, damit die Anforderungen erfüllt werden. Diese Differenzierung sollte wieder stärker in den Vordergrund gerückt werden.

Richtig formulierte Beurteilungen können ein wichtiges Führungsinstrument für Leitungskräfte und für eine systematische, zielgerichtete und effektive Personalentwicklung sein. Dies setzt jedoch voraus, dass Sie sich sorgfältig damit auseinandersetzen, was Ihre Mitarbeiter*innen in welcher Qualität leisten, und dies auch entsprechend zurückmelden. Sie nehmen also einen Abgleich zwischen den zu erfüllenden Aufgaben und der erforderlichen Qualität vor. Wenn Sie dabei ein Ungleichgewicht feststellen, dann ergeben sich daraus wichtige Führungsaufgaben. Es reicht nicht aus, dass Sie einfach nur „Minderleistungen" konstatieren. Sie sollten vielmehr durch intensive Anleitung, Begleitung, Reflexion, Beratung, Fortbildung, Supervision und andere Maßnahmen Ihren Teil dazu beitragen, dass die beurteilte Person die Anforderungen besser erfüllen kann. Beurteilungen sind keine Festschreibungen von leistungs- und verhaltensbezogenen Ist-Zuständen, sondern der Beginn eines durch Sie initiierten und unterstützten Wachstumsprozesses. Ziel ist, die Diskrepanz zwischen dem Ist und dem Soll aufzuheben oder diese so gering zu halten, wie es noch zu verantworten ist.

Dafür ist es erforderlich, dass Sie die Toleranzgrenze genau beschreiben, die auf keinen Fall unterschritten werden darf. Wenn Sie also bei der beurteilten Person einen Entwicklungsbedarf feststellen, dann wäre es unverantwortlich, die Hände in den Schoß zu legen und zuzuschauen, wie die Minderleistung fortgesetzt wird oder sich sogar noch verstärkt. Ihre Personalfürsorgepflicht impliziert die Förderung durch geeignete Unterstützung. Diese sollten Sie auf jeden Fall dokumentieren, um nachweisen zu können, dass Sie alles unternommen haben, um die Person auf ein höheres fachliches Level zu bringen. Eine Führungskraft, die Personalentwicklung als eine ihrer wesentlichen Aufgaben ansieht, wird niemals behaupten, dass bei einer Person „Hopfen und Malz verloren" ist. Personalentwicklung und ein humanistisches Menschenbild sind hier sehr nahe beieinander – ganz ähnlich wie in der pädagogischen Arbeit mit Kindern.

Fürsorgepflicht bedeutet auch, Teammitglieder in ihrer Weiterentwicklung zu fördern.

Personalentwicklung richtet sich aber nicht nur an Mitarbeitende, die noch Entwicklungsbedarf haben, sondern auch an diejenigen, die ihre Aufgaben hervorragend erfüllen, sich in ihrem Tätigkeitsbereich Routine und Professionalität angeeignet haben, sich jedoch an ihrem aktuellen Arbeitsplatz nicht oder nicht ihrem Potenzial entsprechend weiterentwickeln können. Ihre Führungsaufgabe wäre in diesem Fall, für die Fachkraft – innerhalb oder außerhalb der Einrichtung – einen angemesseneren Tätigkeitsbereich zu finden. Im Idealfall geht es auch hier darum, die richtige Person am richtigen Platz zu wissen. Diese Einschätzung können Sie am besten abgeben, wenn Sie Beurteilungen verfassen und Zielvereinbarungs- und Entwicklungsgespräche führen. Ein arbeitsplatzspezifisches Anforderungsprofil ermöglicht es Ihnen beispielsweise, Mitarbeiter*innen mit ihren individuellen Fähigkeiten, Fertigkeiten, Interessen und Neigungen daran zu messen. So können Sie beurteilen, wer wo am besten aufgehoben ist und die optimale Wirkung entfalten kann.

Ist das bei einer Person nicht der Fall, kommt vielleicht eine sogenannte Fachkarriere infrage, also die Übertragung einer qualitativ anspruchsvolleren Aufgabe ohne Dienst- und Fachaufsicht. Oder ein Job-Enlargement, worunter die horizontale Erweiterung des Aufgabenspektrums zu verstehen ist. Das bedeutet, dem Arbeitsgebiet werden entweder qualitativ gleichwertige Aufgaben oder weitere Arbeitsschritte hinzugefügt. Auch ein Job-Enrichment kann in Betracht kommen. Damit ist die vertikale Erweiterung des Aufgabenspektrums gemeint, die Fachkraft bekommt also anspruchsvollere Aufgaben zugewiesen oder ihr wird mehr Selbstständigkeit und Verantwortung bei der Aufgabenwahrnehmung übertragen.

Beurteilungen haben in diesem Sinne eine weit höhere Bedeutung als allgemein bekannt. Sie können das Leitungshandeln optimieren und auf solide Beine stellen.

1.3. Form und Inhalt einer Beurteilung

Eine Beurteilung stellt das Verhältnis zwischen der Anforderung einer Aufgabe und der Erfüllung dieser Aufgabe durch die beurteilte Person dar. Damit die von Ihnen verfasste Beurteilung alle formalen Kriterien erfüllt, sollten Sie folgende Grundsätze beachten:

- Beurteilungen beschreiben den Ist-Zustand ohne Einbeziehung der vergangenen oder zukünftigen Entwicklung. Ob zum Beispiel eine Mitarbeiterin zu Beginn ihrer Tätigkeit schnell und direkt auf die Kinder zugegangen ist oder eher zurückhaltend war, soll nicht bewertet werden. Was zählt, ist, ob sie nach angemessener Zeit Kontakt hergestellt hat. Ebenso wenig sollten Sie „prophezeiende Aussagen" treffen, denn Sie können nicht

Fehlerquellen bei der Beurteilung

Fehler	Folge	Hintergründe
Tendenz zur Milde	Die Bewertung ist zur positiven Seite hin verschoben. Es ist nur Positives vermerkt ohne die Einbeziehung von Schwächen.	Furcht, andere durch eine gerechte, ausgewogene Beurteilung zu verletzen; Konfliktscheue; freundschaftliche Beziehungen zur beurteilten Person; Sympathie
Tendenz zur Strenge	Die Bewertung ist zur negativen Seite hin verschoben.	Es wird so hart beurteilt, weil man selbst zu kritisch ist oder dazu neigt, von sich und anderen zu viel zu fordern; ungeklärter Konflikt mit der beurteilten Person; Antipathie
Tendenz zur Unverbindlichkeit	Die Bewertung bezieht sich nur auf einen kleinen Teil der Aufgaben und ist unverbindlich und nichtssagend formuliert.	Man möchte keine Fehler machen, sich nicht festlegen und Interpretationsmöglichkeiten offenlassen; Entscheidungsschwäche

Ist das Verhältnis von Anforderung und Leistung stimmig?

vorhersagen, wie die weitere Entwicklung eines Menschen verlaufen wird.

- Beurteilungen sollen wahr und neutral formuliert sein, da es sich dabei nicht um ein persönliches Urteil über jemanden handelt, sondern um eine sachliche Beschreibung der quantitativen und qualitativen Arbeitsleistung.
- Je besser eine erbrachte Leistung ist, desto ausführlicher muss sie beschrieben werden. Schwächen können kurz und klar benannt werden; den Stärken sollte – so sie tatsächlich im Vordergrund stehen – der meiste Raum gegeben werden.
- Legen Sie weder zu strenge noch zu milde Maßstäbe an – und diese sind je nach Art und Qualität der Stellung und Funktion (Gruppenleitung, pädagogische Fachkraft, Erzieher*in im Anerkennungsjahr) unterschiedlich. Auch wenn die Grenzen zwischen den Aufgabenbereichen verschwimmen, hat ein*e Anerkennungspraktikant*in andere Aufgaben und Qualitätsstandards zu erfüllen als eine Gruppenleitung.
- Grundlage für jede Beurteilung ist die Aufgabenbeschreibung. Ist sie nicht vorhanden, fehlt ein entscheidendes Element für die Erstellung einer fundierten Beurteilung.
- Da sich Beurteilungen auf die gegenwärtige Arbeitssituation beziehen, werden sie im Präsens (Gegenwartsform) verfasst.

1.4. Das Beurteilungsgespräch

„Vorbereitungszeit verdoppeln, Durchfürungszeit halbieren" – diese Herangehensweise hat sich bei Beurteilungsgesprächen bewährt. Wenn Sie die Beurteilung im Vorfeld intensiv vorbereiten, können Sie das eigentliche Gespräch strukturiert, ziel- und ergebnisorientiert und zügig durchführen. Das Beurteilungsgespräch ist eine wesentliche Grundlage für die schriftliche Beurteilung – und später für das Zeugnis. Deshalb lohnt es sich, in die Vorbereitung viel Energie zu investieren. Ihre Beurteilungen gewinnen dadurch an Professionalität, Gründlichkeit und gegebenenfalls auch Gerechtigkeit.

Vorgehensweise zur Leistungsbeurteilung

Entscheidend ist, dass es für die Beteiligten transparent und nachvollziehbar ist, wie die Vorgehensweise bei der Leistungs- und Verhaltensbeurteilung aussieht. Idealerweise legen Sie sie in einer Vereinbarung mit der Personalvertretung fest, die dann für Vorgesetzte wie Mitarbeitende Verbindlichkeit besitzt. Betriebsvereinbarungen sorgen bei allen Beteiligten für Klarheit, insbesondere im Konfliktfall.

Die Vorarbeit

Bevor eine Beurteilung stattfindet, müssen Sie sicherstellen, dass alle Mitarbeiter*innen die Anforderungen, Erwartungen, Ziele und Qualitätsstandards kennen. Sie sollten in Form von Leistungskriterien beschrieben sein und der zu beurteilenden Person verständlich vermittelt werden. Beurteilte müssen wissen, woran ihre Leistung gemessen wird, woran dies festgemacht und an was erkennbar wird, ob die Anforderungen erfüllt, die Ziele erreicht sind und die Qualitätsstandards eingehalten werden.

Geben Sie Ihren Mitarbeiter*innen regelmäßig eine Rückmeldung darüber, wie Sie ihre Leistung und ihr Verhalten einschätzen. Dies betrifft sowohl Punkte, die zufriedenstellend sind, als auch Aspekte, die Sie kritisch sehen. Wichtig ist neben der Regelmäßigkeit die Zeitnähe. Wenn Sie bei einer Person fachliche Schwächen oder ein problematisches Verhalten wahrnehmen, sollten Sie den Sachverhalt unverzüglich und konstruktiv ansprechen. Nehmen Sie konkret auf das Ereignis, mit dem Sie nicht zufrieden waren, Bezug und benennen Sie die nicht zufriedenstellende Leistung oder ein nicht akzeptierbares Verhalten. Keinesfalls sollte die beurteilte Person erst im Rahmen des eigentlichen Beurteilungsgesprächs davon erfahren, dass sie die Erwartungen nicht oder nur bedingt erfüllt.

Basis für die Beurteilung von Mitarbeiter*innen sind Ihre alltäglichen Wahrnehmungen und die teilnehmenden Beobachtungen. Überlegen Sie sich im Vorfeld, wo und wann diese Beobachtungen durchgeführt werden sollen, da der Kontext möglicherweise Auswirkungen auf das Ergebnis haben könnte. Wird eine Fachkraft grundsätzlich am frühen Morgen und im Frühdienstzimmer beobachtet, dann kann es zu Fehleinschätzungen kommen. Werden aber die Beobachtungserfahrungen durch einen Besuch am späteren Vormittag zum Beispiel im Bildungsbereich „Naturwissenschaften", für den die zu beurteilende Person zuständig ist, ergänzt, kann dies nicht nur den Blick weiten, sondern auch zu einer gerechteren, zutreffenderen und objektiveren Bewertung beitragen. Sie als beurteilende Führungskraft sollten deshalb nichts dem Zufall überlassen, sondern sich verschiedene Settings überlegen, um sich einen umfassenden fachlichen und persönlichen Eindruck Ihrer Mitarbeiter*innen zu verschaffen. Letztendlich geht es darum, keiner selektiven Wahrnehmung zu unterliegen. Und auch hier gilt wie in der pädagogischen Arbeit mit den Kindern: erst die Beobachtung und dann die Bewertung!

Natürlich können Sie auch andere Mitarbeiter*innen konsultieren und sich Einschätzungen aus kollegialer Sicht einholen. Jedoch sollten Sie unbedingt darauf achten, dass die notwendige Neutralität und Souveränität gewahrt bleibt. Machen Sie sich bewusst, dass solche Einschätzungen immer auch subjektiv gefärbt sind.

Informieren Sie Ihre Mitarbeiter*innen darüber, zu welchen Anlässen und wie häufig Gespräche zur Leistungsbeurteilung stattfinden. Neben den bereits genannten üblichen Anlässen ist es Ihnen freigestellt, in welcher Regelmäßigkeit die Gespräche durchgeführt werden. Diese können zum Beispiel jährlich oder halbjährlich erfolgen. In der Praxis reguliert sich dies oft über die Leitungsspanne, das heißt über die Anzahl der unterstellten Mitarbeiter*innen, die es zu beurteilen gilt.

Teilen Sie der betreffenden Person auf jeden Fall rechtzeitig mit, um was es bei dem Gespräch geht, damit sie sich darauf vorbereiten kann. Sie können einen kurzen Überblick geben, wie das Gespräch ablaufen wird und welche inhaltlichen Aspekte thematisiert werden sollen. Beachten Sie auch formale Regelungen wie beispielsweise Einladungsfristen, Hinweise auf Rechte der Mitarbeiter*innen, Einbeziehen des Betriebsrats oder einer Person des Vertrauens.

Wichtig ist:
- Vereinbaren Sie einen verbindlichen Termin.
- Legen Sie nicht nur den Beginn, sondern auch das Ende des Gespräches fest.
- Überlegen Sie, zu welcher Tageszeit das Gespräch am günstigsten für die Beteiligten stattfinden soll.
- Nehmen Sie sich ausreichend Zeit für das Gespräch (mindestens eine Stunde).
- Organisieren Sie eine Situation, in der Sie miteinander auf Augenhöhe sprechen können.
- Überlegen Sie, wo der richtige Ort für das Gespräch sein könnte.
- Vermeiden Sie Störungen.

Grundsätzlich ist es auch möglich, dass Mitarbeiter*innen vor dem Gespräch ihre eigene Beurteilung fertigen, die dann beim Beurteilungsgespräch mit der Beurteilung der Führungskraft abgeglichen wird. Sollten Sie diese Möglichkeit wahrnehmen, ist es wichtig, rechtzeitig darauf hinzuweisen. Eine Selbstbeurteilung ist ein taugliches Instrument, um zu erfahren, wie sich die betreffende Person einschätzt. Möglicherweise weicht das Selbstbild von Ihrer Einschätzung ab. Genau diese unterschiedlichen Wahrnehmungen können die Basis für gewinnbringende fachliche Diskurse und Reflexionen sein.

Sie als beurteilende Person haben es in der Hand, sich auf das Gespräch sorgfältig vorzubereiten. Andererseits können Sie nicht grundsätzlich davon ausgehen, dass Ihre Mitarbeiter*innen das Gleiche tun. Möglicherweise kommen sie völlig unvorbereitet, sodass Sie in der Folge mehr Zeit für das Gespräch benötigen. Planen Sie deshalb vorab Zeitpuffer ein, um Drucksituationen und Stress zu verhindern.

Auf S. 12 finden Sie einen Vorschlag für den Ablauf eines Beurteilungsgesprächs mit detaillierten Zeitangaben für die einzelnen Punkte.

Durchführung des Beurteilungsgesprächs

Ein Beurteilungsgespräch erfordert ausreichend Zeit, gute Vorbereitung, eine solide Struktur und die Einplanung von Zeitpuffern, da insbesondere bei eher unbefriedigenden Leistungen davon ausgegangen werden muss, dass das Gespräch länger als gedacht dauern

Was soll mit dem Gespräch erreicht werden?

Ziele sind:
- Rückmeldung zur Leistung und zum Verhalten,
- Abgleich der Fremd- und Selbsteinschätzung,
- Orientierungshilfe zur Selbsteinschätzung,
- Identifikation von Stärken und Schwächen,
- Konstatieren von Entwicklungsnotwendigkeiten,
- Festlegung von Unterstützungsmaßnahmen,
- Vereinbarung der nächsten Schritte,
- gegebenenfalls Fixierung neuer Ziele,
- Grundlage für Personalentscheidungen (Versetzung, Weiterbeschäftigung nach der Probezeit, Kündigung ...).

könnte. Sorgen Sie für eine entspannte Atmosphäre. Denken Sie daran, dass das Ergebnis des Gesprächs möglicherweise für alle Beteiligten weitreichende Konsequenzen haben kann. Es ist völlig normal, dass die zu beurteilende Person deswegen aufgeregt und nervös ist.

Dennoch: Um den heißen Brei herumzureden, ergibt keinen Sinn. Kommen Sie rasch zum eigentlichen Thema, zum Kern der Sache, lassen Sie keinen Zweifel an der Bewertung der Leistungen, üben Sie klare und konstruktive Kritik. Zeigen Sie aber auch die Bereitschaft, die eigene Meinung und Wahrnehmung zu hinterfragen und falls nötig zu korrigieren. In keinem Fall darf ein Beurteilungsgespräch aber einen „feilschenden" Charakter haben. Weichen die Leistungseinschätzungen voneinander ab, in Noten ausgedrückt zum Beispiel aus Sicht der zu beurteilenden Person „gut", die beurteilende Person neigt aber eher zu „ausreichend", kann es nicht sein, dass man sich in der Mitte bei „befriedigend" trifft. Natürlich sollten Sie idealerweise eine „Win-win-Situation" erreichen. Wenn dies aber im Sinne einer echten Verständigung nicht möglich ist, haben Sie als beurteilende Person das letzte Wort und Ihre Einschätzung ist die entscheidende.

Die Devise „in der Sache hart und zum Menschen weich" ist grundsätzlich empfehlenswert. Dennoch müssen Sie damit rechnen, dass es im Gespräch hin und wieder zu Enttäuschungen kommt und Sie auf Empfindlichkeiten stoßen. Auch wenn Sie versuchen, die Kritik annehmbar und konstruktiv zu formulieren, kann die betreffende Person sich verletzt fühlen. Daraus können Leistungsminderung und Demotivation bis hin zu einer „Verweigerungshaltung" resultieren. Ganz verhindern können Sie Enttäuschungen nicht, aber Sie können darauf achten, dass das Gespräch unbedingt auf ein positives Ende hinausläuft, ein „Way-out" besprochen und die betroffene Person wieder aufgebaut und motiviert wird. Dennoch sollte die Befürchtung, dass sich Mitarbeiter*innen verletzt fühlen könnten, nicht dazu führen, dass Sie mit Ihrer Kritik hinterm Berg halten und eine „Schonhaltung" einnehmen. Es geht selbstverständlich nicht darum, einen Menschen zu diskreditieren, abzuwerten oder zu beschämen und in seinem Selbstwert zu verletzen. Entscheidend ist, dass die beurteilte Person für sich Chancen zur persönlichen und fachlichen Reifung erkennt und dabei Unterstützung erfährt. Denn jeder Mensch hat Entwicklungspotenziale und ein Recht auf die Chance, diese wahrnehmen zu können. Eine kritische Rückmeldung kann der Beginn für neues Lernen und damit für mehr Erfolg sein.

Wichtige Punkte für das Beurteilungsgespräch

- Begrüßen Sie mit Namen.
- Machen Sie keinen „Kaltstart" ins Gespräch, gestalten Sie eine möglichst entspannte Anfangssituation.
- Versuchen Sie, Ängste und Befürchtungen zu nehmen.
- Reflektieren Sie, ob Sie voreingenommen sind oder Vorurteile haben.
- Prüfen Sie, wie Sie zum Gegenüber stehen.
- Hören Sie genau hin.
- Fragen Sie nach, bevor Sie beginnen zu interpretieren.
- Beobachten und beachten Sie auch nonverbale Signale.
- Geben Sie Ihrem Gegenüber mehr zeitlichen Raum als sich selbst (70/30- oder 60/40-Regel).
- Machen Sie darauf aufmerksam, dass Sie manches während des Gesprächs verschriftlichen.
- Zeigen Sie an der anderen Person Interesse.
- Bezeugen Sie Respekt.
- Achten Sie darauf, Abwertungen und Beschämungen zu vermeiden.
- Signalisieren Sie Vertrauen.
- Sprechen Sie Anerkennung aus.
- Verwenden Sie Ich-Formulierungen.
- Beachten Sie die Regel: Wer fragt, der führt.
- Zeigen Sie Offenheit für mögliche Wendungen im Gespräch.
- Respektieren Sie Gefühle, Bedürfnisse, Wünsche und Anliegen des Gegenübers.
- Formulieren Sie eigene Erwartungen, Wünsche und Anforderungen.
- Legen Sie Zeiträume und Ziele fest.
- Vereinbaren Sie entsprechende qualifizierende und unterstützende Maßnahmen.
- Beenden Sie das Gespräch – unabhängig vom Verlauf – positiv.
- Bedanken Sie sich bei Ihrem Gegenüber und verabschieden Sie sich freundlich.

Eventuell werden Sie sich fragen, weshalb zuerst das Negative und dann erst das Positive thematisiert werden soll. Wahrscheinlich kennen Sie es genau umgekehrt.

Ich möchte es anhand eines Beispiels aufzeigen:
Eine Mitarbeiterin hat den besorgten Eltern eines Bezugskindes auf sensible, einfühlende Weise die Empfehlung nahegebracht, ihr Kind vorsichtshalber kinderärztlich und neurologisch begutachten zu lassen. Hintergrund war eine auffällige Grenzstein-Erhebung, die natürlich bei den Eltern Schrecken und Befürchtungen ausgelöst hat. Aber der Mitarbeiterin ist es bes-

Beurteilungsgespräch – Vorschlag zum Ablauf

Zeit	Was?	Wer?
3 Min.	Begrüßung/Zeitrahmen benennen	Leitung
5 Min.	Ziel/Auswirkungen/Vorgehensweise sowie Beurteilungsraster erläutern Hinweis auf Verschriftlichung geben	Leitung
5 Min.	Aufgaben/vereinbarte Ziele (ggf. auf letztes Beurteilungsgespräch Bezug nehmen)	Leitung
10 Min.	Darlegung der Bewertungen (vorbereitete Fremdwahrnehmung) • Negatives • Positives • Ziele/Vorgaben	Leitung
20 Min.	Selbstwahrnehmung (ggf. anhand vorab ausgegebener Checkliste) Stellungnahme zur Fremdwahrnehmung	Mitarbeitende
5 Min.	Festlegung von Zielen	beide
5 Min.	Vereinbarung von Unterstützungsmaßnahmen	beide
3 Min.	Überprüfungszeitrahmen (Zeitfenster) festlegen	beide
3 Min.	Rückmeldung zum Gespräch	beide
1 Min.	Dank/Verabschiedung	Leitung

tens gelungen, die Eltern einerseits zu beruhigen und andererseits zu motivieren, notwendige Schritte zu unternehmen. Sie als Leitung sind sehr angetan von der Intervention Ihrer Mitarbeiterin und wollen ihr das auch im Beurteilungsgespräch lobend mitteilen.

Doch die Mitarbeiterin weiß, dass auch weniger angenehme Dinge, also Schwächen und notwendige Entwicklungsaufgaben, angesprochen werden sollen. Sie beginnen also mit dem Positiven und teilen Ihre ehrliche Anerkennung. Doch Ihre Mitarbeiterin ist in diesem Moment gedanklich schon bei den Kritikpunkten, die im Anschluss angesprochen werden. Wollen Sie also, dass Ihre Anerkennung auch bei der Adressatin ankommt, dann sprechen Sie zunächst erst deutlich, kurz und knapp die kritischen Punkte an und legen fest, wer was wie und bis wann zu tun hat, um eine Verbesserung der Leistung oder des Verhaltens zu erlangen. Erst im Anschluss daran sollte in wohltuender Ausführlichkeit auf das Positive eingegangen werden.

Direkt nach dem Gespräch sollten Sie die Ergebnisse, mögliche Vereinbarungen zur Qualifizierung und die besprochenen Ziele schriftlich dokumentieren. In diesem Aufschrieb können auch abweichende Meinungen der beurteilten Person aufgenommen werden. Beschäftigte haben grundsätzlich das Recht zum Widerspruch. Dieser muss schriftlich erfolgen und geht zusammen mit der Beurteilung in die Personalakte, die streng vertraulich ist.

Leistungsbeurteilungen sind für alle Beteiligten ein hoher Aufwand. Dieser lohnt sich allerdings, da eine Beurteilung bei sorgfältiger Vorbereitung, Durchführung und Nachbereitung ein hilfreiches Führungsinstrument darstellt und bestenfalls zu einer Leistungsverbesserung führt.

Sollten Sie planen, ein Beurteilungssystem in Ihrer Einrichtung oder innerhalb Ihres Trägers zu implementieren, dann muss auf das Mitbestimmungsrecht der Personalvertretung geachtet werden. Dies ist entweder im Betriebsverfassungsgesetz oder im Landespersonalvertretungsgesetz geregelt.

1.5. Beurteilungsraster

Bitte sehen Sie die auf den folgenden Seiten dargestellten Raster als Vorschlag zur Entwicklung einer eigenen Beurteilungssystematik. Natürlich beinhalten die Vorschläge nicht alle relevanten Anforderungsmerkmale und sind deshalb jeweils auf Ihre spezifische Situation zu beziehen und entsprechend zu modifizieren. Sie können die Vorschläge auch als Grundlage für die Erstellung von Zeugnissen verwenden, indem Sie die einzelnen Aspekte ausformulieren. Ein Raster für die Beurteilung von Auszubildenden und Praktikant*innen finden Sie im Kapitel III.

Beurteilungsraster für pädagogische Mitarbeiter*innen

(auch geeignet als Beurteilung in der Probezeit)

Legen Sie zu Beginn fest, welche Mindeststandards erfüllt sein müssen, und nehmen Sie dann Ihre Einschätzung vor. Die zu beurteilende Person verwendet zur Selbsteinschätzung ihrerseits das Raster. In einem weiteren Schritt können Sie dann, ggf. im Rahmen eines Gesprächs, einen Abgleich vornehmen.

Die Skalierung umfasst sechs Einschätzungsstufen, die unterschiedliche Erfüllungsgrade (10 % bis 90 %) ausdrücken:
Stufe 1: trifft fast immer zu/fast immer vorhanden (90 %)
Stufe 2: trifft überwiegend zu/überwiegend vorhanden (75 %)
Stufe 3: trifft oft zu/oft vorhanden (60 %)
Stufe 4: trifft sporadisch zu/sporadisch vorhanden (40 %)
Stufe 5: trifft selten zu/selten vorhanden (25 %)
Stufe 6: trifft fast nie zu/fast nie vorhanden (10 %)

Name der beurteilenden Person: ______________________

Name der beurteilten Person: ______________________

	1	2	3	4	5	6
I. Berufliche Haltung						
a) Arbeitsinteresse	☐	☐	☐	☐	☐	☐
b) Fachliches Interesse	☐	☐	☐	☐	☐	☐
c) Lernbereitschaft	☐	☐	☐	☐	☐	☐
d) Übernahme von Aufgaben	☐	☐	☐	☐	☐	☐
e) Zuverlässigkeit	☐	☐	☐	☐	☐	☐
f) Umsicht	☐	☐	☐	☐	☐	☐
g) Verantwortungsbereitschaft	☐	☐	☐	☐	☐	☐
h) Belastbarkeit	☐	☐	☐	☐	☐	☐
II. Selbstständigkeit im Planen und Handeln						
a) Arbeitserfassung im eigenen Aufgabenbereich	☐	☐	☐	☐	☐	☐
b) Eigeninitiative	☐	☐	☐	☐	☐	☐
c) Themenverantwortung für einen Bildungsbereich	☐	☐	☐	☐	☐	☐
d) Strukturierung der Arbeit	☐	☐	☐	☐	☐	☐
e) Problembewusstsein/Realitätsbezug	☐	☐	☐	☐	☐	☐

Beurteilungsraster für pädagogische Mitarbeiter*innen

III. Wissen/Kenntnisse						
a) Entwicklungspsychologie	☐	☐	☐	☐	☐	☐
b) Lerntheorie	☐	☐	☐	☐	☐	☐
c) Sprachentwicklung und -förderung	☐	☐	☐	☐	☐	☐
d) Generalistisches Know-how im Arbeitsfeld Kita	☐	☐	☐	☐	☐	☐
e) Spezialwissen (Schwerpunktkompetenz)	☐	☐	☐	☐	☐	☐
f) Methoden der Arbeit mit Gruppen	☐	☐	☐	☐	☐	☐
g) Medienkompetenz	☐	☐	☐	☐	☐	☐
IV. Umsetzung in die pädagogische Praxis						
a) Beobachtung und Wahrnehmung insbesondere hinsichtlich:						
• Systematische (standardisierte) Einzelbeobachtung	☐	☐	☐	☐	☐	☐
• Reflexion der Beobachtungen	☐	☐	☐	☐	☐	☐
• Erkennen der Bildungsthemen der Kinder	☐	☐	☐	☐	☐	☐
• Beantworten der Themen	☐	☐	☐	☐	☐	☐
• Formulierung von Herausforderungen	☐	☐	☐	☐	☐	☐
• Erkennen der Bildungsschritte der Kinder	☐	☐	☐	☐	☐	☐
• Dokumentation der Maßnahmen	☐	☐	☐	☐	☐	☐
• Erstellung des individuellen Curriculums	☐	☐	☐	☐	☐	☐
• Führung des Portfolios	☐	☐	☐	☐	☐	☐
• Durchführung von Entwicklungsgesprächen mit Eltern	☐	☐	☐	☐	☐	☐
b) Kontaktfähigkeit/Bindungsfähigkeit zum Kind/zu Kindern	☐	☐	☐	☐	☐	☐
c) Erkennen der Gruppenstruktur (Gesamtsystem/Subsysteme)	☐	☐	☐	☐	☐	☐
d) Arbeit mit dem Kind/den Kindern	☐	☐	☐	☐	☐	☐
e) Fähigkeit zur						
• Selbstreflexion	☐	☐	☐	☐	☐	☐
• Fremdreflexion	☐	☐	☐	☐	☐	☐
f) Situationsbezogenes Handeln	☐	☐	☐	☐	☐	☐
g) Übersicht	☐	☐	☐	☐	☐	☐
V. Verhalten gegenüber Vorgesetzten						
a) kann mit Lob/Kritik umgehen	☐	☐	☐	☐	☐	☐
b) kann konstruktive Kritik umsetzen	☐	☐	☐	☐	☐	☐
c) geht von sich aus auf Vorgesetzte zu und bittet um Informationen	☐	☐	☐	☐	☐	☐
d) reagiert in Feedbackgesprächen kooperativ	☐	☐	☐	☐	☐	☐
e) hält sich an vereinbarte Absprachen	☐	☐	☐	☐	☐	☐
f) erkennt die Autorität und Leistung von Vorgesetzten an	☐	☐	☐	☐	☐	☐
VI. Zusammenarbeit						
a) Zusammenarbeit in der Gruppe	☐	☐	☐	☐	☐	☐
b) Zusammenarbeit in der Einrichtung						
• verhält sich gleichbleibend freundlich im Team	☐	☐	☐	☐	☐	☐
• zeigt bei Dienstbesprechungen Engagement	☐	☐	☐	☐	☐	☐
• spricht Verbesserungsvorschläge und konstruktive Kritik aus	☐	☐	☐	☐	☐	☐
• erbringt Leistungen für das gesamte Team	☐	☐	☐	☐	☐	☐
• geht auf Mitarbeiter*innen zu	☐	☐	☐	☐	☐	☐
• hält Kontakte zu allen Mitarbeiter*innen	☐	☐	☐	☐	☐	☐

Beurteilungsraster für pädagogische Mitarbeiter*innen

c) Zusammenarbeit mit den Eltern (Erziehungspartnerschaft)						
• begegnet den Eltern mit Respekt und Wertschätzung	☐	☐	☐	☐	☐	☐
• versucht, das Vertrauen der Eltern zu gewinnen	☐	☐	☐	☐	☐	☐
• kann den Eltern Erkenntnisse fachkompetent nahebringen	☐	☐	☐	☐	☐	☐
d) Bereitschaft zur Zusammenarbeit mit anderen Institutionen	☐	☐	☐	☐	☐	☐
VII. Leitungs- und Anleitungsbefähigung	☐	☐	☐	☐	☐	☐
VIII. Durchführung von Verwaltungsaufgaben	☐	☐	☐	☐	☐	☐

IX. Prognose

a) Ist die Probezeit zum jetzigen Zeitpunkt gefährdet? ☐ ja ☐ nein

b) In welchen Bereichen sind Entwicklungsmöglichkeiten erkennbar?

____

____

c) Ist ein Beratungsgespräch erforderlich? ☐ ja ☐ nein

d) In welchen Bereichen sind Entwicklungen notwendig?

____

____

e) Welche weiteren Termine (Anleitungsgespräche, Fortbildungen) sind vorgesehen?

____

____

Nächster Beurteilungstermin am _______________________________

Datum/Unterschrift _______________________________

Beurteilungsraster für Gruppen- und Einrichtungsleitungen

Die Skalierung umfasst sechs Einschätzungsstufen, die unterschiedliche Erfüllungsgrade (10 % bis 90 %) ausdrücken:

Stufe 1: trifft fast immer zu/fast immer vorhanden (90 %)
Stufe 2: trifft überwiegend zu/überwiegend vorhanden (75 %)
Stufe 3: trifft oft zu/oft vorhanden (60 %)
Stufe 4: trifft sporadisch zu/sporadisch vorhanden (40 %)
Stufe 5: trifft selten zu/selten vorhanden (25 %)
Stufe 6: trifft fast nie zu/fast nie vorhanden (10 %)

Mitarbeiter*in: ______________________ Qualifikation: ______________________

Geburtsdatum: ______________________ Einrichtung: ______________________

Telefon: ______________________ Gruppenanzahl: ______________________

Mitarbeiter*innenzahl: ______________________ Altersbereiche: ______________________

Funktion: ______________________ Beurteilungszeitraum: ______________________

Beurteilende: ______________________ Datum: ______________________

	1	2	3	4	5	6
I. Persönlichkeitsmerkmale						
1. Klarheit im Denken und Handeln	☐	☐	☐	☐	☐	☐
2. Kommunikationsfähigkeit	☐	☐	☐	☐	☐	☐
3. Kontaktfähigkeit	☐	☐	☐	☐	☐	☐
4. Teamfähigkeit	☐	☐	☐	☐	☐	☐
5. Selbstständigkeit	☐	☐	☐	☐	☐	☐
6. Entscheidungsfähigkeit	☐	☐	☐	☐	☐	☐
7. Flexibilität	☐	☐	☐	☐	☐	☐
8. Konfliktfähigkeit	☐	☐	☐	☐	☐	☐
9. Kritikfähigkeit	☐	☐	☐	☐	☐	☐
10. Souveränität	☐	☐	☐	☐	☐	☐
11. Belastbarkeit	☐	☐	☐	☐	☐	☐
12. Pünktlichkeit	☐	☐	☐	☐	☐	☐
13. Verbindlichkeit	☐	☐	☐	☐	☐	☐
14. Innovationsfähigkeit	☐	☐	☐	☐	☐	☐
15. Reflexionsfähigkeit	☐	☐	☐	☐	☐	☐
II. Pädagogisch-konzeptionelle Arbeit						
1. Übernahme von Verantwortung	☐	☐	☐	☐	☐	☐
2. Innovation (Arbeitsentwicklung)	☐	☐	☐	☐	☐	☐
3. Verhältnis Theorie/Praxis	☐	☐	☐	☐	☐	☐
4. Konzeptionsarbeit						
• Motivieren	☐	☐	☐	☐	☐	☐
• Initiieren	☐	☐	☐	☐	☐	☐
• Erstellen	☐	☐	☐	☐	☐	☐
• Umsetzen	☐	☐	☐	☐	☐	☐
• Aktualisieren	☐	☐	☐	☐	☐	☐
• Unterstützen/Fördern	☐	☐	☐	☐	☐	☐
5. Qualitätssicherung/-entwicklung	☐	☐	☐	☐	☐	☐
6. Besondere pädagogische Schwerpunkte:						

____

____

Beurteilungsraster für Gruppen- und Einrichtungsleitungen

	1	2	3	4	5	6
III. Personalführung						
1. Anleitung/Beratung	☐	☐	☐	☐	☐	☐
2. Einführung/Einarbeitung neuer Mitarbeiter*innen	☐	☐	☐	☐	☐	☐
3. Urteilsvermögen	☐	☐	☐	☐	☐	☐
4. Partizipation	☐	☐	☐	☐	☐	☐
5. Motivation	☐	☐	☐	☐	☐	☐
6. Delegation	☐	☐	☐	☐	☐	☐
7. Anerkennung/Wertschätzung	☐	☐	☐	☐	☐	☐
8. Zusammenarbeit mit Stellvertretung	☐	☐	☐	☐	☐	☐
9. Informationsfluss (intern)	☐	☐	☐	☐	☐	☐
10. Moderationsfähigkeit	☐	☐	☐	☐	☐	☐
IV. Organisation/Dienstbetrieb						
1. Überblick	☐	☐	☐	☐	☐	☐
2. Einsatz des Personals	☐	☐	☐	☐	☐	☐
3. Dienstplangestaltung	☐	☐	☐	☐	☐	☐
4. Besprechungssystem	☐	☐	☐	☐	☐	☐
5. Fähigkeit zur Planung	☐	☐	☐	☐	☐	☐
6. Systematisches Arbeiten	☐	☐	☐	☐	☐	☐
7. Flexibilität	☐	☐	☐	☐	☐	☐
V. Verwaltung						
1. Zuverlässigkeit	☐	☐	☐	☐	☐	☐
2. Pünktlichkeit	☐	☐	☐	☐	☐	☐
3. Ordentlichkeit/Übersichtlichkeit	☐	☐	☐	☐	☐	☐
4. Zeitnahe Bearbeitung	☐	☐	☐	☐	☐	☐
5. Effizienz	☐	☐	☐	☐	☐	☐
VI. Zusammenarbeit mit Träger						
1. Kooperationsfähigkeit	☐	☐	☐	☐	☐	☐
2. Vertrauen	☐	☐	☐	☐	☐	☐
3. Loyalität	☐	☐	☐	☐	☐	☐
4. Transparenz	☐	☐	☐	☐	☐	☐
5. Souveränität	☐	☐	☐	☐	☐	☐
VII. Zusammenarbeit mit Eltern						
1. Kooperation	☐	☐	☐	☐	☐	☐
2. Partizipationsmöglichkeit	☐	☐	☐	☐	☐	☐
3. Koordination	☐	☐	☐	☐	☐	☐
4. Transparenz	☐	☐	☐	☐	☐	☐
5. Informationsfluss	☐	☐	☐	☐	☐	☐
6. Innovation/Kreativität	☐	☐	☐	☐	☐	☐
VIII. Koperation im Sozialraum						
1. Initiieren von Kontakten	☐	☐	☐	☐	☐	☐
2. Pflege von Kontakten	☐	☐	☐	☐	☐	☐
3. Integration im Sozialraum	☐	☐	☐	☐	☐	☐
4. Konstruktive/verbindliche Zusammenarbeit mit:						
______________________	☐	☐	☐	☐	☐	☐
______________________	☐	☐	☐	☐	☐	☐

Beurteilungsraster für Gruppen- und Einrichtungsleitungen

IX. Fortbildung

	1	2	3	4	5	6
1. Interesse an Selbstqualifikation	☐	☐	☐	☐	☐	☐
2. Teilnahme an Fortbildungsmaßnahmen	☐	☐	☐	☐	☐	☐
3. Umsetzung der Inhalte	☐	☐	☐	☐	☐	☐

4. Themenschwerpunkte:

____

____

X. Besonderheiten

1. Projektarbeit		
• Teilnahme	☐ ja	☐ nein
• Durchführung	☐ ja	☐ nein
2. Teilnahme an übergreifenden Arbeitsgruppen	☐ ja	☐ nein
3. Interesse an neuen Betriebs-/Betreuungsformen	☐ ja	☐ nein
4. Verbesserungsvorschläge	☐ ja	☐ nein
5. Kollegiale Beratung	☐ ja	☐ nein
6. Sonstiges:	☐ ja	☐ nein

XI. Entwicklungsmöglichkeiten

1. In welche Richtung?

____

2. In welcher Zeit?

____

3. Unterstützende Maßnahmen

____

____

Datum/Unterschrift beurteilende Person: Datum/Unterschrift beurteilte Person:

_______________________ _______________________

2. Zeugnisse

2.1. Zeugnisarten

Vorläufiges und endgültiges Zeugnis

Bei Zeugnissen wird – je nach Zeitpunkt der Ausstellung – zwischen dem Zwischenzeugnis und dem endgültigen Zeugnis unterschieden. Ein Zwischenzeugnis, das der Arbeitgeber unmittelbar nach einer Kündigung oder aber auf ausdrücklichen Wunsch der Mitarbeitenden ausstellt, wird auch als „vorläufiges Zeugnis" bezeichnet. Form und Inhalt sind bei beiden Zeugnisarten identisch. Zwischenzeugnisse werden generell in der Gegenwartsform geschrieben, da die betreffende Person noch beim Arbeitgeber tätig ist. Bei zeitlicher Nähe zum Austritt kann das Zwischenzeugnis als endgültiges Zeugnis verwendet werden. Beurteilungsaussagen dürfen dann nicht ohne Grund erheblich abweichen. Ein Anspruch auf exakt die gleichen Formulierungen wie im Zwischenzeugnis besteht nicht.

Im Gegensatz zum endgültigen Zeugnis bei Beendigung des Arbeitsverhältnisses besteht kein genereller Anspruch auf ein vorläufiges Zeugnis oder Zwischenzeugnis. Ohne Vorliegen einer Kündigung können Angestellte nur dann ein Zwischenzeugnis verlangen, wenn es einen triftigen Grund gibt. Nach einem Urteil des Bundesarbeitsgerichts (BAG) darf die Auslegung des Begriffes „triftiger Grund" nicht kleinlich sein (Urteil vom 21.1.1993, Az.: 6 AZR 171/92).

Einfaches und qualifiziertes Zeugnis

Das einfache Zeugnis („Bescheinigung") spielt kaum noch eine Rolle und beinhaltet lediglich die Art und Dauer der Tätigkeit. Die Aufgaben müssen so exakt, vollständig und wertfrei aufgelistet sein, dass anhand dieses Dokuments ein genaues Bild von der bisherigen Tätigkeit entsteht. In einem qualifizierten Zeugnis wird – über die Elemente des einfachen Zeugnisses hinaus – auch eine Beurteilung des Verhaltens und der Leistung vorgenommen. Grundsätzlich haben alle Arbeitnehmer*innen das Recht auf ein qualifiziertes Zeugnis, wenn sie es beantragen. Vorsicht ist dann angebracht, wenn jemand nur ein einfaches Zeugnis vorlegt, obwohl der Zeitraum der Beschäftigung eine Qualitätsaussage erlauben würde. Dann kann davon ausgegangen werden, dass die Leistungen in diesem Arbeitsverhältnis mangelhaft waren oder dass es Vorkommnisse gegeben hat, deren Erwähnung die Betreffenden vermeiden wollten.

Berechtigte Gründe für ein Zwischenzeugnis:

- eine wesentliche Änderung des Aufgabengebietes,
- Versetzung und Beförderung,
- Wechsel der Vorgesetzten,
- Reorganisation der Einrichtung (insbesondere bei Führungskräften),
- Nachweis für Fort- und Weiterbildung,
- Elternzeit,
- beabsichtigte Aufnahme eines zweiten Arbeitsverhältnisses (zum Beispiel bei Teilzeitmitarbeiter*innen),
- bevorstehendes Ausbildungsende,
- Nachweis zur Vorlage bei Behörden und Gerichten,
- Nachweis zur Stellung eines Kreditantrages (Bank).

2.2. Rechtliche Fragen rund um das Zeugnis

Besteht Anspruch auf ein Zeugnis?

Alle abhängig Beschäftigten haben bei Beendigung des Arbeitsverhältnisses einen Anspruch auf Zeugniserteilung. Dieser Anspruch ergibt sich aus § 109 Gewerbeordnung (GewO), der besagt:

1. Arbeitnehmer*innen haben bei Beendigung eines Arbeitsverhältnisses Anspruch auf ein schriftliches Zeugnis. Das Zeugnis muss mindestens Angaben zu Art und Dauer der Tätigkeit (einfaches Zeugnis) enthalten. Arbeitnehmer*innen können verlangen, dass sich die Angaben darüber hinaus auf Leistung und Verhalten im Arbeitsverhältnis (qualifiziertes Zeugnis) erstrecken.
2. Das Zeugnis muss klar und verständlich formuliert sein. Es darf keine Merkmale oder Formulierungen enthalten, die den Zweck haben, eine andere als aus der äußeren Form oder aus dem Wortlaut ersichtliche Aussage über den/die Arbeitnehmer*in zu treffen.
3. Die Erteilung des Zeugnisses in elektronischer Form ist ausgeschlossen.

Kann man das Zeugnis verweigern?

Ein Zurückbehaltungsrecht des Arbeitgebers besteht grundsätzlich nicht. Wegen Verletzung der Zeugnispflicht können Arbeitnehmer*innen Schadensersatzansprüche gegenüber dem Arbeitgeber geltend machen (zum Beispiel bei erfolgloser Stellensuche wegen fehlendem Zeugnis). Der Anspruch auf ein Zeugnis erlischt wie jeder andere schuldrechtliche Anspruch mit seiner ordnungsgemäßen Erfüllung (§ 362 I BGB).

Für den Inhalt eines Zeugnisses gibt es gesetzliche Richtlinien.

Wann verjährt der Zeugnisanspruch?

Wie alle Ansprüche unterliegt auch der Zeugnisanspruch der Verjährung. Der Anspruch auf Ausstellung eines Arbeitszeugnisses (Zeugniserteilungsanspruch) oder auf Ergänzung beziehungsweise Berichtigung eines bereits ausgestellten Zeugnisses (Zeugnisberichtigungsanspruch) verjährt gemäß §195 BGB nach drei Jahren. Ausnahmen bilden tarifvertragliche Ausschlussfristen, im Öffentlichen Dienst zum Beispiel sechs Monate.

Wann müssen Sie das Zeugnis ausstellen?

Der Anspruch auf ein vorläufiges Zeugnis entsteht unmittelbar nach der Kündigung, egal von wem sie ausgesprochen wird. Das Zeugnis ist unverzüglich (in der Regel innerhalb von 14 Tagen) – also ohne schuldhaftes Verzögern – auszustellen.

Das endgültige Zeugnis ist ebenfalls ohne schuldhaftes Verzögern auszustellen. Es kann von Arbeitnehmer*innen vom Zeitpunkt der Kündigung an verlangt und sollte zum Zeitpunkt des Austritts ausgehändigt werden.

Wer muss das Zeugnis ausstellen?

Grundsätzlich ist es Aufgabe des Arbeitgebers, ein Zeugnis auszustellen. Er kann dies jedoch, wenn er beispielsweise keinen Kontakt mit dem/der Arbeitnehmer*in oder keine fachspezifischen Kenntnisse hat, an andere delegieren. Es ist auch rechtlich einwandfrei, wenn Mitarbeiter*innen ihr Zeugnis selbst verfassen. Der Arbeitgeber macht das Zeugnis zu „seinem“, indem er es mit seiner Unterschrift versieht.

Zeugnisse müssen aber nicht vom/von der Vorgesetzten persönlich unterzeichnet werden. Es genüge die Unterschrift einer den Arbeitgeber vertretenden Person, die dem Unternehmen angehört, urteilte das Bundesarbeitsgericht. Allerdings müsse im Zeugnis deutlich werden, dass diese vertretende Person dem/der Arbeitnehmer*in gegenüber weisungsbefugt war (Az.: 9 AZR 392/00).

Was darf nicht im Zeugnis stehen?

Aussagen über außerdienstliches Verhalten, Vorkommnisse aus dem Privatleben, Betriebsratstätigkeiten (Ausnahme: mehr als ein Jahr Freistellung), Schwangerschaft, Mutterschutz, Gewerkschaftszugehörigkeit, Parteimitgliedschaft, Nebentätigkeiten, Schwerbehindertenstatus, Gesundheitszustand, Straftaten (wenn sie nicht in einem unmittelbaren Zusammenhang mit dem Arbeitsverhältnis stehen), Verdacht auf strafbare Handlungen, Teilnahme an Streikmaßnahmen/Aussperrung, Wettbwerbsverbote – all das darf keine Erwähnung finden.

Außerdem darf ein Zeugnis keine doppelbödigen Formulierungen enthalten. Die Aussagen müssen eindeutig und verständlich formuliert sein. Nach einer Entscheidung des Bundesarbeitsgerichts ist es Arbeitgebern auch untersagt, die Zeugnisse mit Hervorhebungen wie Ausrufezeichen, Anführungszeichen oder Unterstreichungen zu versehen, die den Zweck haben, die betreffende Person in einer aus dem Wortlaut des Zeugnisses nicht ersichtlichen Weise zu charakterisieren.

Wann muss ein Zeugnis berichtigt werden?

Wenn Arbeitnehmer*innen sich im Zeugnis falsch oder nicht gerecht beurteilt fühlen, können sie vor Gericht auf Berichtigung des Zeugnisses klagen. Es war viele Jahre umstritten, ob sie in diesen Fällen darlegungs- und beweispflichtig sind, wenn sie in einem qualifizierten Arbeitszeugnis eine überdurchschnittliche Beurteilung anstreben. Entsteht ein Streit über die korrekte „Schlussnote“ und wird eine überdurchschnittliche Bewertung angestrebt, dann müssen Arbeitnehmer*innen Tatsachen darlegen und die bessere Leistung beweisen. Diese Rechtsprechung bestätigte das BAG in seiner Entscheidung vom 18.11.2014 (Az.: 9 AZR 584/13). Dem Arbeitgeber obliegt diese Darlegungs- und Beweislast erst, wenn er eine unterdurchschnittliche Beurteilung abgegeben hat. Als Durchschnitt kann im Allgemeinen eine Bewertung mit einem „befriedigend“ angesehen werden, sodass Kläger*innen den schwierigen Beweis erbringen müssten, besser gewesen zu sein und zum Beispiel die Bewertung „gut“ zu verdienen. Bei der Würdigung des Sachverhaltes muss ein Arbeitsgericht darüber hinaus den Beurteilungsspielraum des Arbeitgebers berücksichtigen.

Die Erfolgsaussichten der Klage hängen also immer davon ab, inwieweit die Parteien ihrer Darlegungs- und Beweislast genügen können: Arbeitgeber müssen belegen, dass die negative Beurteilung den Tatsachen entspricht. Umgekehrt müssen Arbeitnehmer*innen hingegen schlüssig darlegen, dass eine Verbesserung gerechtfertigt wäre. Sollte der Arbeitgeber diesem Anliegen nicht entsprechen wollen, muss er das durch eine Darlegung seiner Beweise begründen.

Wie lange nach dem Ende des Arbeitsverhältnisses Änderungen eingefordert werden können, ist nicht eindeutig geregelt. Das Bundesarbeitsgericht hat einen Anspruch auf Ergänzung und Berichtigung nach einem Zeitraum von zehn Monaten verneint, vor allem dann, wenn der Arbeitgeber beziehungsweise der/die Zeugnisaussteller*in währenddessen erreichbar war.

2.3. Rechte und Pflichten der Zeugnisaussteller*innen

Die Wahrheitspflicht

Arbeitnehmer*innen haben keinen Anspruch auf Erteilung eines Zeugnisses mit einem bestimmten gewünschten Wortlaut. Speziellen Formulierungswünschen Ihrer Mitarbeiter*innen müssen Sie nicht nachkommen. Das heißt jedoch nicht, dass der Arbeitgeber alles in ein Zeugnis schreiben darf, was er will. Der Bundesgerichtshof (BGH) hat hierzu folgende Richtlinien ausgesprochen:

„Das Zeugnis ist eine gesetzliche Einrichtung zugunsten des Arbeitnehmers (§630 BGB). Es soll ihm bei der Bewerbung um eine andere Arbeitsstelle als Ausweis dienen. Oberster Grundsatz ist, dass das Zeugnis wahr sein muss. Das bedeutet nicht, dass sich das Zeugnis über ungünstige Vorkommnisse und Beobachtungen schonungslos aussprechen müsste. Das Zeugnis soll von verständigem Wohlwollen für den Arbeitnehmer getragen sein und ihm sein weiteres Fortkommen nicht unnötig erschweren. Diese Rücksichtnahme muss aber dort ihre Schranken finden, wo sich das Interesse des künftigen Arbeitgebers ohne Weiteres aufdrängt und ein Verschweigen bestimmter Vorkommnisse die Wahrheit des für die Beurteilung des Arbeitnehmers im Ganzen wesentlichen Gesamtbildes beeinflusst. Keinesfalls darf der Arbeitgeber in dem Wunsche, dem Arbeitnehmer behilflich zu sein, wahrheitswidrige Angaben in das Zeugnis aufnehmen und ein Urteil abgeben, das nicht seiner Überzeugung entspricht" (BGH 26.11.1963 – VI ZR 221/62).

Die Wohlwollenspflicht

Aufgrund seiner Fürsorgepflicht gegenüber Arbeitnehmer*innen muss der Arbeitgeber ein Zeugnis mit „verständigem Wohlwollen" ausstellen, um den weiteren beruflichen Weg nicht unnötig zu erschweren. Dieses verständige Wohlwollen äußert sich

- in der Konzentration des Zeugnisses auf den Gesamteindruck (Gesamtwürdigung), das heißt, untypische Fehlhandlungen, kleine Schwächen oder kurze Zeiten niedriger Leistung sollen im Zeugnis nicht festgehalten werden;
- darin, dass die Urteile überwiegend in eine positive Formulierung gebracht werden;
- darin, dass negative Urteile, soweit vertretbar, im Zeugnis keine Erwähnung finden.

Zwischen dem Wahrheitsgrundsatz und dem Grundsatz des verständigen Wohlwollens besteht ein Spannungsverhältnis. Oberster Grundsatz ist die Wahrheitspflicht. Ein Zeugnis kann nur im Rahmen der Wahrheit wohlwollend sein. Niemand hat Anspruch darauf, besser beurteilt zu werden, als es den Tatsachen entspricht. Das bedeutet, dass Sie die Wahrheit zwar nicht beugen dürfen, aber tendenziell schlechtere Leistungen oder auch Verhaltensweisen so wohlwollend formulieren müssen, dass der betreffenden Person kein Nachteil daraus entsteht.

Zeugnisse nicht per Knopfdruck, sondern mit Sorgfalt und Bedacht erstellen.

Die Sorgfaltspflicht

Das Zeugnis muss, um den gesetzlichen und tariflichen Vorschriften gerecht zu werden, nicht nur exakte und vollständige Angaben über Beginn und Ende des Beschäftigungsverhältnisses, sondern auch über die ausgeübte Tätigkeit und beim qualifizierten Zeugnis über Leistung und Führung enthalten. Aus dem Zeugnisinhalt soll sich das Gesamtbild eines Menschen in seinem Arbeitsleben ergeben.

2.4. Form und Inhalt eines Zeugnisses

Die äußere Form

Hinsichtlich der äußeren Form sollten Sie Folgendes beachten:

- Erteilen Sie das Zeugnis schriftlich; die Erteilung des Zeugnisses in elektronischer Form, etwa als E-Mail, ist ausgeschlossen.
- Verwenden Sie ein sauberes, haltbares Papier mit der Mindestgröße DIN A5.
- Das Zeugnis muss (zum Beispiel im Briefkopf) vollständige Angaben zum Arbeitgeber enthalten.

- Das Zeugnis darf keine Tipp- und Rechtschreibfehler und keine Flecken aufweisen.
- Nehmen Sie keine Streichungen, Radierungen oder andere Korrekturen vor, die an der Ordnungsmäßigkeit des Zeugnisses zweifeln lassen.
- Schreiben Sie das Zeugnis mit Computer oder Schreibmaschine. Eine handschriftliche Erstellung ist zwar nicht ausgeschlossen, achten Sie dann aber darauf, dass Sie einen dokumentenechten Stift verwenden.
- Unterschreiben Sie das Zeugnis persönlich mit Füller, Kugelschreiber oder Kopierstift. Eine Paraphe („Kürzel") reicht als Unterschrift nicht aus.
- Da die bloße Unterschrift häufig nicht entziffert werden kann, ist zusätzlich eine maschinenschriftliche Namensangabe erforderlich.
- Das Datum der Ausstellung muss vermerkt sein. Es sollte mit dem letzten Tag des Arbeitsverhältnisses übereinstimmen (üblicherweise das Monatsende oder der 15. eines Monats). Das gilt auch dann, wenn dieser Tag ein Sonn- oder Feiertag ist. Ein „krummes Datum" kann Anlass zu Spekulationen geben und Sie sollten es deshalb vermeiden.
- Sie dürfen das Zeugnis zweimal falten, um es in einem Geschäftsumschlag üblicher Größe unterzubringen – jedoch nur, wenn das Zeugnis kopierfähig bleibt und die Knicke im Zeugnisbogen sich nicht z. B. durch Schwärzungen auf den Kopien abzeichnen.
- Die Anschrift und das Geburtsdatum des/der Arbeitnehmer*in dürfen nur mit Einverständnis ins Zeugnis aufgenommen werden. Keinesfalls darf die Anschrift im für Briefe üblichen Adressfeld erscheinen. Denn sonst könnte der Eindruck entstehen, dass das Zeugnis nach außergerichtlicher oder gerichtlicher Auseinandersetzung postalisch zugestellt wurde.

Die inhaltliche Gestaltung

Bei der inhaltlichen Gestaltung des Zeugnisses sollten Sie folgende Punkte berücksichtigen:

Aus inhaltlichen und formalen Bausteinen entsteht ein gut strukturiertes Zeugnis.

1. Beschäftigungsdauer: Ein qualifiziertes Zeugnis muss eine eindeutige Auskunft über die Dauer des Beschäftigungsverhältnisses geben. Dabei sollten Sie grundsätzlich den letzten arbeitsvertraglichen Tag als Austrittsdatum in das Zeugnis aufnehmen. Abwesenheitszeiten infolge von Krankheit und Urlaub sind nicht aufzunehmen. Längere Unterbrechungen (zum Beispiel Elternzeit, Wehr- oder Zivildienst, lang andauernde Krankheiten) dürfen dagegen berücksichtigt werden, wenn die Abwesenheitszeiten mehr als die Hälfte der Beschäftigungszeit ausmachen.

2. Aufgabenbeschreibung: Beschreiben Sie die Aufgaben, Kenntnisse und Fertigkeiten so vollständig und genau, dass Leser*innen sich ein deutliches Bild von der Tätigkeit machen können. Werden nur Teilbereiche des Aufgabenspektrums benannt (und in der Leistungsbeurteilung bewertet), entsteht möglicherweise ein falsches Bild.

3. Leistungsbeurteilung: Hier muss zu den Punkten Stellung genommen werden, die in der Aufgabenbeschreibung aufgeführt sind. Bedenken Sie, dass Aspekte, die zwar in der Aufgabenbeschreibung benannt, aber leistungsmäßig nicht bewertet sind, negativ interpretiert werden. Allerdings empfehle ich, Bewertungen, die unter „ausreichend" liegen, vorsichtshalber bewusst wegzulassen („Nullstellen").

In der Beschreibung und Bewertung müssen die für das Aufgabenfeld typischen Inhalte aufgeführt sein. Lassen Sie zum Beispiel bei einer pädagogischen Mitarbeiterin den Aspekt „Planung der pädagogischen Arbeit" unberücksichtigt, wird eine negative Bewertung unterstellt. Eine umfassende Leistungsbeurteilung muss die personen- wie fachspezifischen Aspekte beinhalten.

4. Verhalten im Arbeitsverhältnis: Damit ist das (arbeitsplatzrelevante und innerdienstliche) Verhalten der Arbeitnehmerin gegenüber Vorgesetzten, Mitarbeiter*innen, Kolleg*innen, Eltern und anderen Kooperationspartner*innen gemeint. Entscheidend ist, das Verhalten zu allen Beteiligten zu beurteilen. Wird im Zeugnis zum Beispiel nur die Qualität der Arbeitsbeziehung zu den Kolleg*innen beschrieben, so lässt dies Schwierigkeiten mit dem/der Vorgesetzten vermuten. Wird die Kollegialität nicht erwähnt, deutet dies auf Differenzen mit den Kolleg*innen hin.

„Verjährte" Verhaltensmängel sollten nicht berücksichtigt werden. Allerdings müssen Sie wahrheitswidrige Aussagen vermeiden. Wie bereits erwähnt, dürfen Sie die Wahrheit nicht beliebig interpretieren und keine Bewertungen weglassen, die für einen neuen Arbeitgeber von Interesse sein können (zum Beispiel Diebstahl, schwerer Alkoholismus). Denn sonst kann, wenn durch das Verschweigen Schäden entstanden sind, der/die Zeugnisaussteller*in vom Folgearbeitgeber in die Haftung genommen werden. Es ist deshalb ein weitverbreiteter Irrtum, dass negative Formulierungen gesetzlich verboten sind.

5. Schlussformeln: Schlussformeln gehören zu einem guten Zeugnis, doch einfordern können Arbeitnehmer*innen sie nicht (BAG, Urteil vom 20.2.2001, Az.: 9 AZR 44/00). Schlussformeln können das „Sternchen" in einem positiven Zeugnis sein und vermitteln, dass in der Leistungs- und Verhaltensbeurteilung keine „Haken" enthalten sind. Deshalb empfehle ich bei wirklich positiv gemeinten Zeugnissen die Verwendung von Schlussformeln.

Beendigungsformel

Folgende vier Varianten sind üblich:

- arbeitnehmerseitige Kündigung,
- arbeitgeberseitige Kündigung,
- einvernehmliche Beendigung durch Aufhebungsvertrag,
- Beendigung des Arbeitsverhältnisses durch Fristablauf.

Im Regelfall aber darf der Grund des Ausscheidens nicht erwähnt werden, es sei denn, die Arbeitnehmer*innen verlangen dazu Angaben. Gründe können zum Beispiel sein: Aufnahme eines Studiums, Heirat, Wohnortwechsel, Kindererziehung, Arbeitsplatzwechsel des/der Partner*in oder die Übernahme einer höheren Position. Eine arbeitgeberseitige Kündigung darf auch gegen den ausdrücklichen Willen des/der Mitarbeitenden in das Zeugnis aufgenommen werden, wenn der Grund für die Beurteilung der Gesamtpersönlichkeit charakteristisch ist.

Fehlt im Zeugnis die Aussage, von welcher Seite die Auflösung ausging („Das Arbeitsverhältnis endete am ..."), so können Sie daran in der Regel eine arbeitgeberseitige Kündigung oder Unstimmigkeiten bei der Beendigung des Arbeitsverhältnisses erkennen. Die Formeln „einvernehmlich" oder „in gegenseitigem Einvernehmen" wirken meist negativ. Aus Sicht der Arbeitnehmer*innen empfiehlt es sich deshalb, die Formulierung „auf eigenen Wunsch" in das Zeugnis aufzunehmen.

Dankes-Bedauern-Formel

Diese Formel steht am Ende eines guten Zeugnisses. Denn wertvolle und verdiente Mitarbeiter*innen lässt man nicht ohne ein Wort des Dankes und Bedauerns ziehen. Die Tatsache, dass diese Formel nur in rund 20 Prozent der Zeugnisse vorhanden ist, gibt ihr ein besonderes Gewicht. Sie wird als Hinweis darauf gedeutet, dass der Verfasser des Zeugnisses seine vorangegangenen positiven Aussagen bekräftigen will. Umgekehrt wirkt es als Entwertung einer guten Leistungsbeurteilung, wenn im Schlussabsatz das Ausscheiden der entsprechenden Person nicht bedauert wird. Es ist jedoch nicht möglich, ein negatives Zeugnis durch eine Formel des Bedauerns aufzuwerten.

Zukunftswünsche

Abschließende Bemerkungen mit Wünschen für die Zukunft zählen zu den Grundbestandteilen eines guten Zeugnisses; ihr Fehlen wird negativ registriert. Ihre Wirkung ist umso positiver, je individueller sie formuliert sind. Sie gelten dann als Beweis dafür, dass auch die übrigen Aussagen und Bewertungen im Zeugnis differenziert und wahrheitsgetreu sind. Ein Anspruch auf die übliche positive Schlussformel „Wir wünschen ihr für die Zukunft alles Gute und viel Erfolg" besteht laut dem oben genannten BAG-Urteil vom 20.2.2001 jedoch nicht.

3. Unterschiede zwischen Beurteilung und Zeugnis

3.1. Zweck und Zielsetzung

Beurteilungen haben – und das ist nur unzureichend bekannt – lediglich eine Innenwirkung. Sie finden also nur innerhalb eines Trägers Verwendung und gelangen nicht nach außen. Mitarbeiter*innen steht es frei, eine gute Beurteilung ihren Bewerbungsunterlagen beizulegen, doch Ihnen als Leitung oder Träger ist es untersagt, sie nach außen zu geben. Wurde die Beurteilung allerdings „richtig" verfasst, dann muss damit gerechnet werden, dass auch weniger stark ausgeprägte Fähigkeiten und Eigenschaften aufgelistet sind. Deshalb sollten Fachkräfte eher ein (Zwischen-)Zeugnis anfordern, wenn sie sich extern bewerben möchten.

Ihre Mitarbeiter*innen haben einen grundsätzlichen Anspruch auf ein Zwischenzeugnis, nicht jedoch auf eine Beurteilung. Eine Beur-

Aufbau eines Zeugnisses

1. **Überschrift** (z. B. Zwischenzeugnis, Zeugnis, Dienstzeugnis, Arbeitszeugnis)

2. **Einleitung** (Frau X ist seit dem ... als ... in der Kita ... tätig.)

3. **Beruflicher Werdegang** (Frau X war zunächst von ... bis ... als Zweitfachkraft in der Kita ... und anschließend als Gruppenleitung in der Kita ... tätig.)

4. **Aufgabenbeschreibung** (Frau X war für ... Aufgaben/Bezugskinder/Mitarbeiterinnen/ Anleitung/Kooperation/Verwaltung etc. ... zuständig.)

5. **Leistungsbeurteilung** (s. Beurteilungskriterien in Kap. II)

5.1 Kontaktfähigkeit/Bindungsfähigkeit
- a) Bereitschaft
- b) Befähigung
- c) Wissen/Weiterbildung
- d) Arbeitsweise/Arbeitsstil
- e) Arbeitserfolg
- f) Herausragende Erfolge

5.2 Grundlegende fachspezifische Aspekte
(Stellen Sie hier die Aspekte zusammen, die für das Tätigkeitsfeld relevant sind; s. Kap. II), z. B.:
- a) Eingewöhnung
- b) Alltagsgestaltung mit den Kindern
- c) Planung der pädagogischen Arbeit
- d) Raumgestaltung
- e) Beobachtung und Dokumentation
- f) Zusammenarbeit mit Eltern/Familien
- g) Qualitätssicherung/Qualitätsentwicklung

5.3 Bildungsbereichsspezifische Aspekte
(Stellen Sie hier die Aspekte zusammen, die für das Tätigkeitsfeld relevant sind; s. Kap. II), z. B.:
- a) Bewegung
- b) Bauen/Konstruieren
- c) Sprache/Kommunikation/Interaktion
- d) Bildende Kunst/Musik/Tanz

5.4 Anleitung

6. **Zusammenfassende Beurteilung der Leistung**

7. **Verhalten im Arbeitsverhältnis**

7.1 Verhalten zu Internen (Vorgesetzte/Mitarbeiter*innen/Kolleg*innen)
7.2 Verhalten zu Externen (Kooperationspartner*innen)
7.3 Sonstiges Verhalten/Soziale Kompetenz

8. **Zusammenfassende Beurteilung des Verhaltens**

9. **Beendigungsformel**

10. **Dankes-Bedauern-Formel**

11. **Zukunftswünsche**

12. **Datum**

13. **Unterschrift (Name, Funktion)**

teilung ist ein Instrument des Arbeitgebers und dieser entscheidet, ob er davon Gebrauch macht oder nicht. Im Sinne der Personalentwicklung ist sie jedoch nur sinnvoll, wenn sie auf dem Wahrheitsgrundsatz basiert und Auskunft über Stärken und Schwächen der betreffenden Mitarbeiter*innen gibt. Dies bedeutet, dass in einer Beurteilung auch negative Formulierungen enthalten sein können, wenn die beschriebenen Sachverhalte belegbar sind. Eine Beurteilung, die die Schwächen eines Menschen im beruflichen Kontext ausblendet, macht dieses wichtige Instrument nahezu untauglich.

Eine Beurteilung dient nicht der Sanktionierung oder der Etikettierung, sondern stellt in der Regel den Ausgangspunkt für eine Anleitungs- und Qualifizierungsoffensive dar. In Einzelfällen kann es jedoch auch sein, dass alle bisherigen Versuche der Anleitung oder Beratung nicht gefruchtet haben und nach der Beurteilung nun auch arbeitsrechtliche Schritte erforderlich sind.

Zeugnisse dagegen haben nur Außenwirkung. Und dies nahezu lebenslang: Bei jeder Bewerbung müssen die im Lebenslauf aufgelisteten Berufsstationen mit aussagekräftigen Zeugnissen belegt werden. Tritt eine nicht nachgewiesene Lücke auf, wird dies einer sorgfältig prüfenden Person auffallen. Sie wird den fehlenden Teil nachfordern oder es so interpretieren, dass es einen massiven Grund geben wird, das Zeugnis nicht beizulegen. Dies gilt normalerweise auch dann, wenn der betreffende Zeitraum lange zurückliegt.

Zeugnisse werden erstellt, wenn Mitarbeiter*innen den Anstellungsträger verlassen. Dann werden die einzelnen Beurteilungen, die während der Beschäftigungszeit verfasst wurden, in einem Zeugnis zusammengefasst. Liegen keine Beurteilungen über die einzelnen Zeit- und Beschäftigungsabschnitte vor, hat die Person, die das Zeugnis verfassen soll, eine schwierige Aufgabe, will sie eine gerechte, zutreffende und realistische Einschätzung der Leistung und des Verhaltens vornehmen.

3.2. Unterschiede in der Leistungsbeurteilung

Anders als in Beurteilungen darf in Zeugnissen nichts eindeutig Negatives stehen. Dies bedeutet, dass in der Beurteilung erwähnte Leistungs- oder Verhaltensschwächen so umformuliert werden, dass sie nicht mehr eindeutig und unmittelbar zu erkennen sind. Das Zeugnis wird vorrangig nach dem Wohlwollensgrundsatz verfasst; der Wahrheitsgrundsatz rückt an zweite Stelle, es sei denn, es handelt sich um Beurteilungsaspekte, die nicht weggelassen werden dürfen. Eindeutig nicht ausreichend erfüllte Aufgaben werden nicht erwähnt. Solche Weglassungen werden auch „Nullstellen" genannt. Aber auch darin steckt ein Risiko. Denn das Erkennen solcher Weglassungen oder Nullstellen ist nicht immer einfach. Und selbst wenn das Fehlen auffällt, kann es zweierlei Gründe haben: Erstens kann die Person, die das Zeugnis erstellt hat, tatsächlich damit zum Ausdruck bringen wollen, dass die Qualität entsprechend negativ und somit nicht im Zeugnis abbildbar ist. Zweitens kann es aber auch sein, dass sie zwar die Aufgaben umfassend aufgelistet hat, aber nur auf die Punkte in der Qualitätsbeschreibung eingegangen ist, die sie als besonders wichtig erachtet. Deshalb rate ich einerseits zu knappen, übersichtlichen und auf das Kerngeschäft reduzierten Aufgabenbeschreibungen und zweitens dazu, Weglassungen zu vermeiden und sie nur zu verwenden, wenn die beurteilte Person wirklich mangelhafte Leistungen in einem bestimmten Bereich erbracht hat. Ansonsten sollten Sie lieber auf gerade so akzeptierbare Qualitätsformulierungen zurückgreifen, die im Kontext leichter erkennbar sind.

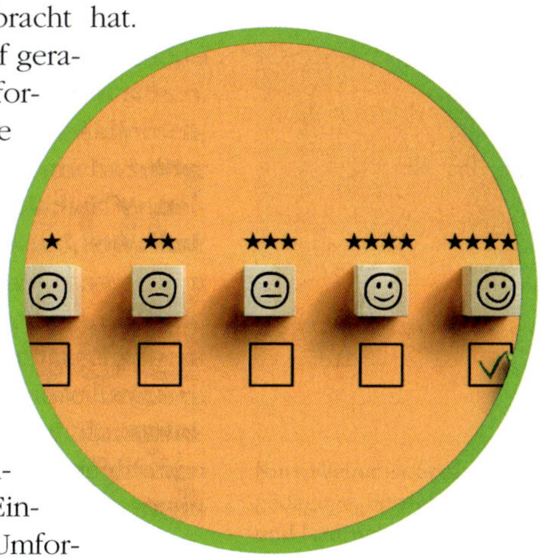

Das Wohlwollensprinzip schreibt vor, dass ein Zeugnis immer zur positiven Formulierung tendiert.

Sie sind gesetzlich verpflichtet, dem Wohlwollensgrundsatz zu folgen. Aus diesem Grund sind Zeugnisse mit Vorsicht zu genießen. Denn nicht nur das Verfassen, sondern auch das Lesen und Einschätzen wird durch positive „Umformulierungen" oder Nicht-Erwähnen negativ bewerteter Verhaltensweisen erschwert. So ist heute die Note „befriedigend" kaum mehr in Zeugnissen anzutreffen – und wenn doch, ist sie mit einiger Wahrscheinlichkeit vor einem Arbeitsgericht anfechtbar.

Obwohl Zeugnisse immer noch einen hohen Stellenwert bei der Sichtung von Bewerbungsunterlagen einnehmen, ist es also nachvollziehbar, dass manche Personalentscheider*innen sich nicht mehr alleine auf diese Dokumente verlassen, sondern sich über andere realitäts- und arbeitsfeldnahe Verfahren einen Eindruck über die Qualität und Eignung der Bewerber*innen machen.

II. So verfassen Sie Beurteilung und Zeugnis

1. Zur Handhabung

Im Folgenden beziehe ich mich auf die bereits dargestellte Zeugnisstruktur, beschreibe die Bedeutung des jeweiligen Beurteilungsaspekts und stelle Ihnen eine Auswahl an Beurteilungskriterien, die grundsätzlich in Betracht kommen, in Form konkreter Formulierungsvorschläge zur Verfügung. Bitte beachten Sie, dass die folgenden Formulierungsvorschläge ausschließlich unverbindlichen Informationszwecken dienen. Obwohl die Inhalte mit größtmöglicher Sorgfalt recherchiert wurden, ersetzen sie keine spezifische und verbindliche Rechtsberatung im konkreten Einzelfall.

Ich halte es für äußerst wichtig, sich zunächst selbst ein genaues Bild von den Leistungen und dem Verhalten der zu beurteilenden Mitarbeiter*innen zu machen und erst in einem zweiten Schritt die Formulierungen aus dem Katalog auszuwählen, die die Leistung oder das Verhalten des/der Mitarbeitenden am besten beschreiben. Die Auflistung von Formulierungsvorschlägen soll Ihnen bei der Beschreibung der Leistungen hilfreich sein. Sie entlastet Sie aber nicht davon, eine eigene fachliche Position zu finden.

Um Ihnen die Orientierung zu erleichtern und zu verhindern, dass Ihnen Fehlbeschreibungen von Leistungen unterlaufen, habe ich im Kapitel 2.1. „Personenspezifische Aspekte" eine Unterteilung in „sehr gut bis gut" und „befriedigend" vorgenommen. Ebenso bei der Beurteilung des Verhaltens in Kapitel 3.1. „Verhalten zu Internen". „Sehr gut bis gut" umfasst den Bereich 1,0 bis 2,4, „befriedigend" den Bereich 2,5 bis 3,0. Bei Bewertungen, die schlechter als „befriedigend" sind, sollten Sie darauf achten, dass Sie die Minderleistungen im Falle eines Rechtstreits auch nachweisen können. Mangelhafte und ungenügende Bewertungen sollten keine Erwähnung finden (Nullstellen).

Bevor Sie sich an die Beschreibung der Leistung und des Verhaltens machen, ist es zunächst wichtig, die konkreten Aufgabeninhalte zu klären und danach zu beschreiben, welches Anforderungsprofil für die jeweilige Person gilt und deshalb in einem Zeugnis zu berücksichtigen ist.

Alle Beurteilungskriterien und Formulierungsvorschläge sind für Zeugnisse und Beurteilungen gleichermaßen relevant. Der Einfachheit halber stehen alle Formulierungen in der Vergangenheitsform (der für Zeugnisse richtigen Zeitform). Bei Verwendung in Beurteilungen müssten Sie die Formulierungen in die dafür korrekte Gegenwartsform übertragen.

2. Beurteilung der Leistung

2.1. Personenspezifische Aspekte

Vorbemerkung: Die Formulierungen beziehen sich hier aus Gründen der besseren Lesbarkeit auf eine beispielhafte weibliche Mitarbeiterin („Frau Schmidt").

Bereitschaft

Hier wird beurteilt, ob sich die Mitarbeiterin mit Engagement, Initiative, Dynamik, Energie, Fleiß und Einsatzwillen in die Arbeit einbringt, sich dabei flexibel, zielstrebig und pflichtbewusst verhält und sich mit den Aufgaben identifiziert.

„Sehr gut bis gut"

- Frau Schmidt zeigte stets ein sehr hohes Maß an Eigeninitiative und Leistungsbereitschaft.
- Frau Schmidt war hoch motiviert.
- Frau Schmidt zeichnete sich durch eine vorbildliche Arbeitsmoral aus.
- Frau Schmidt identifizierte sich mit ihrer Aufgabe.
- Frau Schmidt zeigte große Eigeninitiative, auch bei der Lösung anspruchsvoller Probleme.
- Frau Schmidt zeigte stets eine hohe Leistungsbereitschaft und Pflichtauffassung.
- Frau Schmidt wusste, was zu tun ist, und wartete nicht, bis sie darauf hingewiesen wurde.
- Frau Schmidt war, falls erforderlich, jederzeit zu Mehrarbeit bereit.
- Frau Schmidt setzte sich lebhaft und interessiert ein und hatte Freude an der Arbeit.
- Frau Schmidt suchte und fand in ihrem Arbeitsbereich neue Wege und Möglichkeiten und brachte eigene Anregungen ein.
- Frau Schmidt zeigte eine hohe Einsatzbereitschaft und wirkte durch ihre positive Ausstrahlung motivierend.
- Frau Schmidt erfüllte ihre Aufgaben mit großem Einsatz, Ausdauer und Konzentration.

„Befriedigend"

- Frau Schmidt zeigte Initiative, Fleiß und Eifer.
- Frau Schmidt erfüllte ihre Aufgaben entsprechend den Erwartungen.
- Frau Schmidt ging die Problemstellungen ihres Arbeitsgebietes systematisch und zielstrebig an.
- Frau Schmidt zeigte unter Anleitung bzw. auf Anweisung Fleiß und Eifer.
- Frau Schmidt zeigte auch Einsatzbereitschaft.
- Frau Schmidt stellte an sich hohe Anforderungen, konnte diese aber zum Teil nicht in die Praxis umsetzen.
- Frau Schmidt machte Vorschläge zur Bewältigung der anfallenden Arbeit.

Befähigung

Hier wird beurteilt, inwieweit Mitarbeiter*innen in der Lage sind, sich flexibel auf Situationen einzustellen, analytisch zu denken, sich rasch neue Sachverhalte anzueignen, auch in Zeiten hoher Belastungen mit Ausdauer, Konzentration und Kreativität an einer Sache zu bleiben und dabei ein klares Urteils- und Einfühlungsvermögen, Organisationsgeschick und Beobachtungsvermögen zu bewahren.

„Sehr gut bis gut"

- Frau Schmidt war auch in schwierigen Situationen sehr gut belastbar und handelte dabei ruhig und überlegt.
- Frau Schmidt fand sich in neuen Situationen sicher und schnell zurecht.
- Frau Schmidt verfügte über ein sehr gutes analytisch-konzeptionelles und zugleich pragmatisches Denk- und Urteilsvermögen.

- Frau Schmidt hatte häufig neue, nützliche und realisierbare Ideen.
- Frau Schmidt machte es Freude, sich neuen Herausforderungen zu stellen.
- Frau Schmidt wusste, ihre umfangreichen Kenntnisse und ihr sehr fundiertes Fachwissen erfolgreich in die Praxis umzusetzen.
- Frau Schmidt arbeitete sich rasch in neue Aufgaben ein und verfügte über eine gute Auffassungsgabe.
- Frau Schmidt arbeitete absolut sicher und selbstständig.
- Frau Schmidt bewies Belastbarkeit und Flexibilität.
- Frau Schmidt wurde von ihren Kolleg*innen oft um fachlichen Rat gefragt.

„Befriedigend"
- Frau Schmidt hat sich im Laufe der Zeit eine gute Fachkompetenz angeeignet.
- Frau Schmidt beherrschte ihren Aufgabenbereich entsprechend den Anforderungen.
- Frau Schmidt fand brauchbare Lösungen.
- Trotz ihrer umfangreichen Erfahrungen zeigte Frau Schmidt nicht selten Unsicherheiten.
- Frau Schmidt brachte alle ihre Erfahrungen und Fähigkeiten ein.
- Frau Schmidt verfügte über eine ausreichende Arbeitsbefähigung.
- Frau Schmidt ging neue Aufgaben mit großem Elan an.
- Frau Schmidt hatte Gelegenheit, sämtliche Aufgabenbereiche kennenzulernen und ihre Fähigkeiten einzubringen.

Wissen und Weiterbildung

Hier wird beurteilt, wie es um die Aktualität der Kenntnisse bestellt ist, welches arbeitsfeldbezogene und arbeitsfeldübergreifende Know-how vorhanden ist, wie dessen Anwendung, Umsetzung und Weitergabe erfolgen, auf welche Spezialkenntnisse zurückgegriffen werden kann und wie das Interesse an Weiterbildung aussieht.

Aspekt Wissen: Wie steht es um die Fachkenntnisse?

„Sehr gut bis gut"
- Frau Schmidt verfügte über ausgezeichnete Fachkenntnisse und war auf dem aktuellen fachlichen Stand.
- Frau Schmidt gehörte zum Kreis unserer qualifizierteren Mitarbeiter*innen.
- Frau Schmidt konnte ihr fachliches Wissen sehr wirkungsvoll an andere Mitarbeiter*innen weitergeben.
- Frau Schmidt konnte Theorie und Praxis hervorragend miteinander verbinden.
- Frau Schmidt war sehr gut in der Lage, die in den Fortbildungsseminaren erworbenen Kenntnisse in ihr Arbeitsfeld zu transferieren.
- Frau Schmidt verfügte über ein gutes, praxisnahes Fachwissen.
- Frau Schmidt ging bei der Auswahl der Qualifizierungsmaßnahmen gezielt vor/orientierte sich an den Belangen der Einrichtung.
- Frau Schmidt brachte die aus einer Qualifizierungsmaßnahme gewonnenen Erkenntnisse direkt/mit Erfolg in die Praxis ein.
- Frau Schmidt war bereit, sich auch neuen und anspruchsvollen Themen zu stellen und sich entsprechende Kompetenzen anzueignen.

„Befriedigend"
- Frau Schmidt hat sich im Laufe der Zeit eine gute/die erforderliche/die notwendige Fachkompetenz angeeignet.
- Bei der Erledigung ihrer Aufgaben zeigte Frau Schmidt das notwendige Fachwissen, das sie wiederholt erfolgreich einsetzte.
- Frau Schmidt nahm kontinuierlich an innerbetrieblichen Fachseminaren/Arbeitsgemeinschaften teil.
- Frau Schmidt schöpfte ihr Wissen aus ihrer umfangreichen beruflichen Erfahrung.
- Frau Schmidt war bereit, sich auch neuen Themen zu stellen und sich die notwendigen Kompetenzen anzueignen.
- Frau Schmidt war an Fort- und Weiterbildung grundsätzlich interessiert.

Arbeitsweise und Arbeitsstil

Hier wird beurteilt, inwieweit Mitarbeiter*innen in der Lage sind, selbstständig, eigenverantwortlich, zuverlässig, gewissenhaft, sorgfältig und verbindlich, in Kooperation mit anderen, strukturiert und methodisch versiert auf ein Ziel hinzuarbeiten.

„Sehr gut bis gut"
- Frau Schmidt führte ihre Aufgaben immer äußerst selbstständig, effizient und sorgfältig aus.

- Frau Schmidt hatte einen fachlich klaren Standpunkt, den sie differenziert darstellen konnte.
- Frau Schmidt teilte sich ihre Arbeit sinnvoll und überlegt ein, der Ablauf blieb dabei flexibel.
- Frau Schmidt ging flexibel auf veränderte Situationen ein und war dadurch vielseitig einsetzbar.
- Frau Schmidt entschied rasch und klar und war in der Lage, selbstständig zu planen.
- Frau Schmidt erledigte ihre Aufgaben mit einem hohen Maß an Selbstständigkeit und Eigenverantwortlichkeit.
- Frau Schmidt teilte sich ihre Arbeit so ein, dass sie den Überblick behielt.
- Frau Schmidt setzte sich engagiert ein.
- Frau Schmidt machte gute, praktikable Vorschläge zur Verbesserung von pädagogischen Inhalten und organisatorischen Abläufen.
- Frau Schmidt blieb auch bei unvorhergesehenen Ereignissen überlegt und ruhig.

„Befriedigend“
- Frau Schmidt erledigte ihre Aufgaben weitgehend selbstständig.
- Frau Schmidt erledigte ihre Aufgaben engagiert.
- Frau Schmidt hatte über ihren Arbeitsbereich einen guten Überblick, konnte angemessen planen, benötigte aber hier und da noch Führung von außen.
- Die Aufgaben wurden von Frau Schmidt im Allgemeinen mit Sorgfalt und Genauigkeit ausgeführt.
- Frau Schmidt ging oft mit großem Elan an Aufgaben heran.
- Frau Schmidt erledigte die ihr übertragenen Aufgaben, machte dabei aber kaum eigene Vorschläge.
- Frau Schmidt hatte in ihrem engeren Arbeitsbereich einen befriedigenden Überblick.

Arbeitserfolg und Arbeitsergebnis
Hier wird bewertet, in welchem Tempo, mit welcher Sorgfalt und in welcher Intensität das vorgegebene oder angestrebte Ziel erreicht wurde.

„Sehr gut bis gut“
- Frau Schmidt zeigte bei der Erledigung der Aufgaben außergewöhnlichen Einsatz und hervorragende Leistungen in quantitativer und qualitativer Hinsicht.
- Frau Schmidt erzielte aufgrund ihres umfangreichen und besonders fundierten Fachwissens weit überdurchschnittliche Erfolge.
- Frau Schmidt konnte auch über einen längeren Zeitraum hinweg zielgerichtet und erfolgreich arbeiten.
- Aufgrund ihrer systematischen Arbeitsweise und ihrer großen beruflichen Erfahrung war Frau Schmidt stets in der Lage, auch neuen und außergewöhnlichen Situationen souverän zu begegnen.
- Aufgrund ihres guten Zeit- und Zielmanagements erreichte Frau Schmidt stets die vereinbarten/gesetzten Zielvorgaben.
- Auch in Ausnahmesituationen zeigte Frau Schmidt eine überdurchschnittliche Arbeitsqualität und ausgezeichnete Leistungen.
- Die Arbeitsleistungen und Arbeitserfolge von Frau Schmidt waren sehr gut.
- Frau Schmidt führte die ihr übertragenen Aufgaben mit großem Fleiß und Interesse erfolgreich durch.

Aspekt Erfolg: Wurden die vorgegebenen Ziele erreicht?

„Befriedigend“
- Frau Schmidt wendete ihre guten Fachkenntnisse laufend mit großem Erfolg in ihrem Arbeitsgebiet an.
- Durch die Arbeitsleistung von Frau Schmidt konnte das Niveau der pädagogischen Arbeit gehalten werden.
- Der Arbeitserfolg von Frau Schmidt entsprach insgesamt den Erwartungen.
- Frau Schmidt erledigte die ihr übertragenen Aufgaben meist ordnungsgemäß, jedoch mit geringem Erfolg.
- Frau Schmidt arbeitete nach eigener Planung und erzielte befriedigende Lösungen.
- Frau Schmidt zeigte dem Durchschnitt entsprechende Arbeitsergebnisse.
- Frau Schmidt zeigte eine stets zufriedenstellende Arbeitsleistung.

2.2. Fachspezifische Aspekte

Ich möchte mich in diesem Abschnitt an den beurteilungsrelevanten Aspekten orientieren, die Grundlage nahezu aller aktueller pädagogischer Handlungskonzepte (infans, Bildungs- und Lerngeschichten …) sowie der Bildungspläne sind. Bitte entscheiden Sie, welche Aspekte hinsichtlich Ihres Handlungskonzepts und Ihrer Konzeption im Zeugnis genannt und bewertet werden müssen.

Alle Formulierungsvorschläge in diesem Abschnitt sind positiv und sollten im Zeugnis nur verwendet werden, wenn sie den Tatsachen entsprechen.

Wie begleitet die Fachkraft Kinder bei der Eingewöhnung?

Eingewöhnung

Beziehungsaufbau steht am Anfang. Kinder benötigen zunächst Sicherheit, bevor sie sich – früher oder später – ihren Bildungsthemen zuwenden. Denn Bildung ohne Bindung gibt es nicht. Deshalb ist die Gestaltung der Eingewöhnung sehr bedeutsam für ein gelingendes Ankommen der Kinder in der Kita.

- Frau Schmidt beobachtete das Verhalten und Befinden des Kindes während der gesamten Eingewöhnungszeit sehr genau und konnte wichtige Schlüsse daraus ziehen.
- Frau Schmidt war jedem neuen Kind besonders intensiv zugewandt und nahm entsprechend aktiv Kontakt auf.
- Frau Schmidt ging sensibel auf die Wünsche der neuen Kinder in Bezug auf Nähe und Distanz ein.
- Vor der Aufnahme neuer Kinder überlegte Frau Schmidt gemeinsam mit den anderen Kindern, wie sie an der Gestaltung der Eingewöhnung mitwirken könnten, und schuf so für alle eine gute Anfangssituation.
- Frau Schmidt unterstützte neue Kinder wirkungsvoll bei der Suche nach Aktivitäten, Spielen und Spielpartnern.
- Frau Schmidt ging sehr feinfühlig auf neue Kinder ein, wenn sie auf die Trennungssituation emotional reagierten.
- Durch Elterngespräche sammelte Frau Schmidt wichtige Informationen über die Lebenssituation des einzugewöhnenden Kindes und konnte deshalb sehr genau auf dessen Vorlieben/Interessen/Bedürfnisse eingehen.
- Ihre Beobachtungen zur Eingewöhnung dokumentierte Frau Schmidt sehr sorgfältig und nutzte diese, um den weiteren Verlauf der Eingewöhnung zu planen und mit den Eltern abzustimmen.

Inklusion und Integration

Kinder mit und ohne Behinderung haben das gleiche Recht auf eine umfassende Förderung ihrer Entwicklung, die sich an ihren spezifischen Bedürfnissen und Interessen ausrichtet. Alle Kinder sollen die gleichen Bildungsmöglichkeiten erhalten und Chancengleichheit erleben.

- Frau Schmidt achtete mit gutem Erfolg auf eine Ausgewogenheit zwischen allgemeiner und spezifischer Entwicklungsförderung der Kinder.
- Frau Schmidt gab in allen pädagogischen Bereichen individuelle Impulse, um den Kindern mit und ohne Behinderung Möglichkeiten des gemeinsamen Lernens zu geben.
- Frau Schmidt ermunterte alle Kinder dazu, ihre besonderen Fähigkeiten/Fertigkeiten in die Gruppe/in Aktivitäten einzubringen.
- Frau Schmidt plante für Kinder mit Behinderung auf der Basis der Diagnose und in engem Austausch mit den Eltern spezielle Maßnahmen der Entwicklungsförderung.
- Frau Schmidt achtete sehr sorgfältig darauf, dass die individuellen Bedürfnisse von Kindern mit Behinderung gleichwertig respektiert wurden.
- Frau Schmidt gelang es, angemessene Formen zu finden, um Kinder mit und ohne Behinderung in partizipative Prozesse einzubeziehen.
- Frau Schmidt war es ein wichtiges Anliegen, dass sich die unterschiedlichen Kompetenzen von Kindern mit und ohne Behinderung ergänzen, und sie fand hierzu entsprechende Möglichkeiten.

Vielfalt und Diversität

Die Kita ist ein Ort, an dem sich vielfältige Persönlichkeiten begegnen. Nicht nur die Kinder bringen sich und ihre unterschiedlichen Lebenserfahrungen und Lebensweisen ein, sondern auch ihre Familien und die pädagogischen Fachkräfte tragen zu einer bunten Mischung bei.

- Frau Schmidt hatte eine vorurteilsbewusste Haltung und konnte so professionell mit Kindern und Familien unterschiedlicher Herkunft umgehen.

- Frau Schmidt achtete sehr darauf, Verhaltens- und Denkweisen ihrer Mitmenschen nicht abzuwerten.
- Frau Schmidt kannte die kulturellen Gewohnheiten aller Kinder/Familien und konnte somit sensibel und aufmerksam auf deren Belange/Bedürfnisse eingehen.
- Frau Schmidt gelang es gut, die Kinder sowohl in ihrer jeweiligen Familienkultur und -sprache als auch im Erlernen der deutschen Sprache zu bestärken.
- Frau Schmidt besprach kulturelle Unterschiede bezüglich der Werte/Normen/Regeln mit den Eltern und vermittelte einfühlsam, welche Vorstellungen in der Kita berücksichtigt werden können.
- Frau Schmidt plante mit den Kindern Projekte/Aktivitäten, die in Beziehung zu ihrem jeweiligen kulturellen Hintergrund standen und ihnen eine gute Möglichkeit gaben, sich mit ihrer Identität auseinanderzusetzen.
- Frau Schmidt sprach mit der Kindergruppe die von ihr erkannten und von Kindern geäußerten Vorurteile offen an und erläuterte Hintergründe/Zusammenhänge nachvollziehbar.

Alltagsgestaltung mit den Kindern

Die gemeinsame Gestaltung des Alltags in der Kita und die Partizipation der Kinder an Entscheidungen stehen hier im Mittelpunkt.

- Frau Schmidt beobachtete die Kinder in Aktivitäts- und Ruhephasen, nahm deren Rhythmus, Fähigkeiten und Bedürfnisse bewusst wahr und berücksichtigte diese so weit wie möglich bei der Tagesgestaltung.
- Die Kinder wurden von Frau Schmidt aktiv an der Gestaltung des Tages beteiligt.
- Frau Schmidt reagierte zugewandt und aufmerksam, wenn sie von Kindern angesprochen wurde oder diese anderweitig mit ihr in Kontakt traten.
- Frau Schmidt sorgte während des Tages für eine dialogoffene und entspannte Atmosphäre.
- Frau Schmidt ermutigte die Kinder stetig, ihre Aktivitäten selbst zu wählen, Herausforderungen eigenständig zu bewältigen und sich gegenseitig zu unterstützen.
- Frau Schmidt überprüfte regelmäßig, ob der Tagesablauf den Bedürfnissen und Interessen der Kinder entspricht.
- Frau Schmidt nahm die Kinder ernst und war für ihre Anliegen und Wünsche, Bedürfnisse und Gefühle aufmerksam und offen.
- Frau Schmidt entwickelte Rituale und Strukturen, die das Zusammengehörigkeitsgefühl der Kinder stärkten und ihnen Orientierung und Sicherheit boten.
- Frau Schmidt ging auf die besonderen Bedürfnisse der jeweiligen Altersgruppe ein und schuf alters-, entwicklungs- und interessenabhängige Erfahrungsräume.
- Frau Schmidt unterstützte die Kinder darin, sich über unterschiedliche Erwartungen und Sichtweisen zu verständigen und Kompromisse auszuhandeln.
- Frau Schmidt regte die Kinder dazu an, sich gegenseitig zu unterstützen, sich etwas zu zeigen, Hilfe zu suchen und anzunehmen.
- Frau Schmidt war es besonders wichtig, die Kinder darin zu unterstützen, ihre eigenen Lösungswege zu finden.
- Frau Schmidt schuf Freiräume zur Förderung des selbstständigen Handelns der Kinder.
- Frau Schmidt war es besonders wichtig, das Gemeinschaftsgefühl und die Gruppenatmosphäre zu fördern.

Planung der pädagogischen Arbeit

Hier wird beurteilt, inwieweit Mitarbeiter*innen in der Lage sind, die Planung ihrer pädagogischen Arbeit auf die einzelnen Kinder und deren Themen sowie auf die Bedürfnisse der Gruppe auszurichten, ansprechende Herausforderungen zu formulieren und ihr Handeln auf klar definierte Erziehungsziele abzustimmen.

- Frau Schmidt stellte die Interessen, Fragen und Themen der Kinder ins Zentrum ihrer Planung.
- Bei der Planung der pädagogischen Arbeit berücksichtigte Frau Schmidt die Lebenssituation und das Umfeld der Kinder.
- Frau Schmidt beteiligte die Kinder an der Planung und Gestaltung des Zusammenlebens in der Einrichtung und schuf einen Rahmen, in dem die Kinder ihre Wünsche benennen und Ideen einbringen konnten.
- Die pädagogische Planungsgrundlage von Frau Schmidt war durchdacht und fachlich fundiert.
- Frau Schmidt wirkte aktiv bei der Entwicklung neuer Handlungsstrategien mit.
- An der Planung, Durchführung und Reflexion von pädagogischen Angeboten und Maßnahmen beteiligte sich Frau Schmidt aktiv.
- Frau Schmidt zeigte viel Fantasie und Kreativität bei der Planung und Umsetzung der pädagogischen Arbeit.

- Bei der Planung und Reflexion der pädagogischen Arbeit engagierte sich Frau Schmidt sehr und unterstützte ihre Kolleg*innen mit neuen Ideen und fachlichem Rat.
- Durch sorgfältige, fachlich fundierte Planung konnte Frau Schmidt die Eigeninitiative und Selbstständigkeit der Kinder fördern.

Raumgestaltung und Ausstattung

Die Kita-Räume (innen und außen) müssen so gestaltet sein, dass Kinder mit unterschiedlichem Alter und Entwicklungsstand sowie unterschiedlichen Interessen und Begabungen vielseitige Erfahrungen machen können. Die Räume sollten einen hohen Aufforderungscharakter haben und die Neugierde, das Interesse am Wahrnehmen, Ausprobieren, Bewegen und Verweilen wecken. Entscheidend ist, dass die Räume gemeinsam mit den Kindern so gestaltet werden.

- Frau Schmidt legte Wert darauf, dass die Kinder ein breites Angebot an Möglichkeiten vorfinden, um ihren Interessen zu folgen und ihre Themen zu bearbeiten.
- Frau Schmidt beteiligte die Kinder so weit wie möglich bei der Auswahl und Beschaffung der Ausstattungsgegenstände.
- Bei der Gestaltung der Räume orientierte sich Frau Schmidt an den Bedürfnissen und Interessen der Kinder.
- Frau Schmidt sah die Raumgestaltung nicht als Konstante, sondern passte Raumstruktur und Bildungsbereiche den Bedürfnissen/Themen/Interessen der Kinder so weit wie möglich flexibel an.
- Frau Schmidt bezog das Außengelände als wichtigen Bildungsbereich aktiv in ihre Arbeit ein.
- Frau Schmidt beobachtete sehr differenziert, in welchen Bereichen und mit welchen Materialien einzelne Kinder sich bevorzugt beschäftigen, und zog daraus weiterführende Schlüsse für die Raumgestaltung und das Materialangebot.
- Frau Schmidt achtete auf eine übersichtliche und verlässliche Ordnungsstruktur der Materialien, die den Kindern Orientierung und Sicherheit gibt.
- Frau Schmidt berücksichtigte bei der Raumgestaltung, dass die Kinder vielfältige Gelegenheiten für Bewegungserfahrungen haben.

- Frau Schmidt präsentierte die Produkte/Kunstwerke der Kinder angemessen und wertschätzend und achtete darauf, dass die Präsentationen zeitnah auf Themen/Projekte/Aktivitäten bezogen waren.

Beobachtung

Bildungsprozesse von Kindern zu erkennen, sie aufzugreifen und wirkungsvoll zu unterstützen, ist zentrale Aufgabe der Fachkräfte. Hierzu sind systematische Beobachtungen der individuellen Vorlieben und Interessen der Kinder, ihrer Beschäftigung mit bestimmten Themen, ihrer Sichtweisen und Wege der Problemlösung, ihrer Entwicklungsfortschritte sowie ihrer Fähigkeiten, Kompetenzen und Schwierigkeiten notwendig.

- Frau Schmidt beobachtete die Kinder gezielt/systematisch und regelmäßig, um deren Fähigkeiten und Themen zu erkunden.
- Die aus ihren Beobachtungen gewonnenen Erkenntnisse konnte Frau Schmidt sehr gut nutzen, um die Kinder in ihren Bildungsprozessen zu unterstützen.
- Frau Schmidt beobachtete die Kinder sehr differenziert, um herauszufinden, welche Fragen und Probleme sie beschäftigen.
- Frau Schmidt führte regelmäßig Beobachtungen einzelner Kinder oder der Kindergruppe durch, dokumentierte sie und wertete sie aus.
- Aus ihren Beobachtungen gewann Frau Schmidt wichtige Hinweise darauf, welche Bildungs- und Erfahrungsbereiche und welche weiteren Angebote in der Einrichtung zu installieren sind.

Sind Materialien mit Aufforderungscharakter vorhanden?

- Die Beobachtungsergebnisse dienten Frau Schmidt als gute Grundlage für Gespräche mit den betreffenden Eltern bezüglich der Entwicklungsfortschritte ihres Kindes.
- Die gute Beobachtungsgabe und Wahrnehmungsfähigkeit von Frau Schmidt bildeten die Grundlage ihres pädagogischen Handelns.
- Frau Schmidt trug durch regelmäßige Beobachtung und Dokumentation des Entwicklungsstandes der Kinder und durch Umsetzen der daraus gewonnenen Erkenntnisse wesentlich zur Anregung und Förderung der kindlichen Selbstbildungsprozesse bei.
- Frau Schmidt legte für jedes Kind eine individuelle entwicklungs- und bildungsbiografische Dokumentation unter Zuhilfenahme vielfältiger Medien an und führte diese sorgfältig.
- Frau Schmidt hatte durch ihr „Beobachtungs-Controllingsystem" stets einen Überblick, wann welches Kind beobachtet wurde, und verlor dadurch kein Kind aus den Augen.

Dokumentation

Damit jedes Kind mit seiner Entwicklung, seinen Interessen und Bildungsthemen stets gut im Blick gehalten wird, ist es notwendig, Beobachtungen und Bildungsprozesse des Kindes schriftlich festzuhalten, regelmäßig auszuwerten und in einem Portfolio zu dokumentieren. So können Entwicklungsverläufe nachvollziehbar festgehalten und eventuelle Entwicklungsrisiken rechtzeitig erkannt werden.

- Frau Schmidt formulierte Herausforderungen für die Kinder und konnte deren Lernerfahrungen treffgenau/nachvollziehbar beschreiben.
- Sie hatte ein sicheres Gefühl dafür, die wesentlichen Aspekte zu dokumentieren.
- Die Dokumentationen von Frau Schmidt waren übersichtlich und strukturiert aufgebaut.
- Bei der Gestaltung von Dokumentationen und der Führung des Portfolios legte Frau Schmidt großen Wert auf die Aussagekraft der Inhalte und deren ästhetische Darstellung.
- Frau Schmidt gelang es gut, die Dokumentationen in Text und Bild so zu gestalten, dass sie die bildungsrelevanten Aspekte/Situationen/Details aufzeigten.
- Ihre Dokumentationen machten eindeutig erkennbar, was das Kind tut/die Kinder tun.
- Die von Frau Schmidt zu den Bildern ergänzten fachlichen Texte weiteten den Blick für die Bedeutung der kindlichen Bildungsprozesse.
- Frau Schmidt war es wichtig, über Dokumentationen die Komplexität der Bildungsprozesse der Kinder zu verdeutlichen.
- Die Portfolios von Frau Schmidt waren gut strukturiert und logisch aufgebaut.
- Die Inhalte der Portfolios, die Frau Schmidt zu verantworten hatte, waren gut geeignet, um Entwicklungsgespräche mit Eltern zu führen.
- Aus den Dokumentationen, die Frau Schmidt in die Portfolios einpflegte, ließen sich die Entwicklungsverläufe und -stadien der Kinder gut darstellen und nachvollziehen.

Die Portfolio-Ordner werden für die Kinder zugänglich aufbewahrt.

Spiel

Spiel ist nichts anderes als der kindliche Prozess der Selbstbildung und Weltaneignung, zu dem die Fachkräfte einen bedeutsamen Teil beitragen. Kinder brauchen für ihre Selbstbildungsprozesse ein gutes Klima, geeignete Räume, die richtige Ausstattung und natürlich Zeit und Partner zum Spielen. Aufgabe der Fachkräfte ist es, sorgfältig zu beobachten, ob Kinder sich zurückziehen, ausgeschlossen werden und wer in welcher Häufigkeit mit welchen Kindern in welchen Bereichen oder bei welchen Anlässen in Kontakt ist. So erhalten sie einen guten Überblick, können Spielpartnerschaften „anstiften", Kinder dazu anregen, eigene Spielideen zu entwickeln, oder selbst Impulse geben, um Spiele variantenreicher zu gestalten.

- Frau Schmidt gestaltete mit den Kindern eine anregende Umgebung mit Anreizen und Freiräumen zu vielfältigem Spiel.
- Frau Schmidt beobachtete und analysierte sehr genau, was ein Spiel für das jeweilige Kind bedeutete, und erkundete, welche bildenden Aspekte es beinhaltete.
- Frau Schmidt gab den Kindern den Freiraum, selbst zu entscheiden, (mit) was, wann, wie lange und mit wem sie spielen oder sich beschäftigen möchten.
- Frau Schmidt bot den Kindern Raum für selbstständiges Erkunden, Experimentieren und Gestalten, sodass diese Kenntnisse, Fähigkeiten und Fertigkeiten erwerben und entwickeln konnten.
- Frau Schmidt gelang es sehr gut, die kindliche Neugierde und die Freude am Spielen und Lernen wachzuhalten und zu fördern.

- Frau Schmidt schuf die notwendigen Freiräume für das Erfahrungslernen der Kinder.
- Frau Schmidt ermunterte die Kinder, ihre eigenen Spielideen zu entwickeln, und unterstützte sie bei Bedarf bei der Umsetzung.
- Frau Schmidt stellte den Kindern eine Umgebung zur Verfügung, in der sie sich spielend mit der Umwelt auseinandersetzen, sie erforschen und erobern konnten.
- Frau Schmidt schuf immer wieder neue, herausfordernde und anregende Spielsituationen.

Projekte

In Projekten setzen sich Kinder und Erwachsene meist zielgerichtet und in einer zeitlich und inhaltlich geplanten Abfolge mit einem Thema aus der Lebenswelt der Kinder auseinander. Aufgabe der Fachkräfte ist es, sich auf die Fähigkeiten und Fertigkeiten der Kinder zu beziehen und sie entsprechend ihrer Entwicklung in ihrem selbstbestimmten, sozial verantwortlichen und sachkompetenten Handeln zu fördern. Dabei verstehen sie sich als Unterstützer*innen bei der Realisierung der Vorhaben und stehen als Ansprechpartner*innen zur Verfügung.

- Frau Schmidt erkundete im Vorfeld ihrer Projektplanung systematisch die Lebenssituationen der Kinder.
- Frau Schmidt erfasste durch systematische und zielgerichtete Beobachtungen, welche Interessen, Fragen, Probleme oder welches aktuelle „Lebensthema" die Kinder beschäftigten und setzte mit ihren Projektvorschlägen dort an.
- Frau Schmidt hatte bei der Entscheidung, welche Themen im Rahmen der Projektarbeit aufgegriffen werden sollen, stets das Ziel der kindlichen Wissenserweiterung und der Förderung ihres selbstbestimmten, sozial verantwortlichen und sachkompetenten Handelns vor Augen.
- Frau Schmidt differenzierte die Projektziele entsprechend den Entwicklungsaufgaben jüngerer/älterer Kinder und der Kinder mit besonderen Bedürfnissen.
- Frau Schmidt überlegte mit den Kindern, wer in das Projekt welche Erfahrungen einbringen könnte, und bezog Eltern, Kolleg*innen und sonstige Kooperationspartner*innen aus dem Umfeld in die Bearbeitung des Themas ein.
- Frau Schmidt stand den Kindern als Ansprechpartnerin zur Verfügung und unterstützte sie bei der Realisierung eigener Vorhaben.
- Frau Schmidt reflektierte und dokumentierte die Projekterfahrungen sehr sorgfältig, um für zukünftige Vorhaben weiterführende Hinweise zu erhalten.
- Frau Schmidt dokumentierte den Verlauf der Projekte und bezog die Kinder dabei ein.
- Frau Schmidt verwendete die Projektdokumentationen einerseits für die (interne und externe) Öffentlichkeitsarbeit, andererseits dafür, die Bildungsprozesse und Entwicklungsschritte der Kinder den Eltern in Entwicklungsgesprächen zu verdeutlichen.

Qualitätsmanagement

Unter Qualitätsmanagement versteht man die Qualitätsentwicklung, die Qualitätssicherung und die Qualitätskontrolle. Die Frage, die es zu beantworten gilt, lautet: „Tun wir das Richtige? Und tun wir das Richtige richtig?" Es geht also um die Überprüfung, ob die vereinbarten Standards erreicht werden. Diesen Fragen sollten Mitarbeiter*innen laufend nachgehen, es darf also in keinem Fall die Situation eintreten, dass in der Kita etwas getan wird, ohne darauf eine Antwort zu haben.

- Frau Schmidt formulierte Ziele zu deren Überprüfung.
- Sie definierte Messindikatoren für die Qualitätskontrolle ihrer pädagogischen Arbeit und wendete diese konsequent an.
- Frau Schmidt überprüfte regelmäßig die pädagogische Konzeption und aktualisierte sie bei Bedarf.
- Sie setzte sich engagiert für eine professionelle Reflexionskultur ein und trug hierzu vorbildlich bei.
- Frau Schmidt hatte ein klares Bild professionellen Handelns.
- Frau Schmidt pflegte sowohl eine selbstkritische Auseinandersetzung mit der Qualität ihrer eigenen Arbeit als auch eine kollegiale Rückmeldekultur.
- An Qualitätszirkeln nahm Frau Schmidt engagiert teil und brachte sich gewinnbringend ein.
- Frau Schmidt qualifizierte sich systematisch und zielgerichtet weiter.
- Die Qualitätsüberprüfung wurde von Frau Schmidt instrumentenbasiert/mit dem Qualitätsverfahren … durchgeführt.
- Frau Schmidt war zum Abgleich mehrerer Perspektiven sehr an einer externen Evaluation ihrer Arbeit interessiert.
- Sie setzte sich mit Erfolg für eine permanente Verbesserung ihrer Arbeit ein.
- Frau Schmidt sah den Zusammenhang zwischen Mitarbeiter*innen und Ergebnisqualität und setzte sich engagiert und erfolgreich

für die eigene kontinuierliche fachliche Weiterentwicklung ein.

- Frau Schmidt befragte regelmäßig Eltern/Kinder/Kolleg*innen/Träger/externe Partner*innen nach Vorschlägen zur Optimierung der pädagogischen Arbeit.
- Frau Schmidt konnte die Qualitätsentwicklung und den jeweiligen Qualitätsstand der Arbeit in verständlicher/prägnanter Form schriftlich dokumentieren.

Beschwerdemanagement

Wer beschwerdeführenden Personen abwehrend und feindselig gegenübersteht und „von oben" festlegt, in welcher Sache Beschwerden berechtigt sind, sollte seine Einstellung zu Beschwerden reflektieren. Denn Beschwerdeführende, die sich vertrauensvoll an Sie wenden, sind im Grunde an einer Verbesserung der Leistung, des Verhaltens oder grundsätzlich an der (Arbeits-)Beziehung interessiert. Jede Beschwerde, von der man Kenntnis erhält, beinhaltet die Chance zur Verbesserung.

- Frau Schmidt war für Beschwerden offen und sah sie als Chance zu Verbesserung an.
- Frau Schmidt organisierte eine niederschwellige Beschwerdemöglichkeit für Eltern, um möglichst viele Unzufriedenheiten/Beschwerden in Erfahrung zu bringen.
- Eltern wurden von Frau Schmidt offensiv aufgefordert, ihre Unzufriedenheit zeitnah zum Entstehen und möglichst direkt zu formulieren.
- Frau Schmidt schuf vielfältige Möglichkeiten, damit Eltern ihre Rückmeldungen zur pädagogischen Arbeit geben konnten.
- Regelmäßige Elternumfragen wurden von Frau Schmidt initiiert, sorgfältig analysiert und die realisierbaren Erkenntnisse umgesetzt.
- Sowohl für Eltern als auch für Kinder installierte Frau Schmidt Möglichkeiten, ihre Unzufriedenheit und auch Verbesserungswünsche zu formulieren.
- Frau Schmidt war es sehr wichtig, eine offene Beschwerdekultur zu entwickeln, und sie setzte sich dafür mit Erfolg ein.
- Frau Schmidt ging es grundsätzlich darum, nicht die Anzahl der Beschwerden, sondern die Beschwerdeanlässe zu verringern.
- Frau Schmidt nahm jede Beschwerde ernst, setzte sich mit ihnen unvoreingenommen auseinander und gab zeitnah an die beschwerdeführende Person Rückmeldung.
- Frau Schmidt bot Beschwerdeführer*innen an, bei der Lösungsfindung mitzuwirken.
- Frau Schmidt führte regelmäßige Kinderbesprechungen durch, in denen sie den Kindern altersentsprechend und auf unterschiedlichstem Wege Möglichkeiten zur Beschwerdeformulierung bot.
- Frau Schmidt war es wichtig, die Beschwerdelösungen hinsichtlich ihrer Wirkung und Nachhaltigkeit zu überprüfen.
- Frau Schmidt schaffte hinsichtlich der Entgegennahme, der Bearbeitung, der Auswertung und Rückmeldung sowie der Erledigungsfristen Transparenz.
- Die Beschwerden wurden von Frau Schmidt detailliert dokumentiert und hinsichtlich ihrer Aussagekraft ausgewertet.

Konfliktmanagement

Zwischenmenschliche Spannungen können überall dort entstehen, wo Menschen zusammenkommen. Sie sind oft Vorboten von Konflikten. Fehlt ein entsprechendes „Frühwarnsystem", können sich Spannungen verstärken und eine dynamische Entwicklung nehmen.

- Frau Schmidt stand Konflikten offen und vorbehaltslos gegenüber.
- Frau Schmidt konnte sich in Konflikten respektvoll verhalten.
- Frau Schmidt hat Störungen zeitnah aufgegriffen, um sie zu klären und die Arbeitsfähigkeit wieder herzustellen.
- Frau Schmidt war sich der Bedeutung und Wirkung von Konflikten bewusst, griff sie offensiv auf und bearbeitete sie zeitnah.
- Sie war in der Lage, die Konflikte zu analysieren und differenziert einzuordnen.
- Frau Schmidt konnte zwischen interpersonellen und intrapersonalen Konflikten differenzieren.
- Frau Schmidt kannte Methoden zu Konfliktklärung und wendete sie wirkungsvoll an.

Stoßen unzufriedene Eltern auf offene Ohren?

- Frau Schmidt hielt sich verbindlich an das in der Einrichtung installierte Verfahren zur Konfliktbearbeitung.
- Sie brachte ihre Kompetenzen in die Bearbeitung von Konflikten ein.
- Frau Schmidt hat bewiesen, dass sie gut in der Lage war, zwischen Konfliktparteien zu vermitteln.
- Frau Schmidt war an der Überprüfung der Nachhaltigkeit von Lösungen (sehr) interessiert.
- Sie verfügte über gute Verhandlungsfähigkeit und brachte diese bei Bedarf und wenn gewünscht gerne ein.
- Frau Schmidt besaß eine sensible Wahrnehmungsfähigkeit für Störungen und war in der Lage, diese angemessen und konstruktiv zu verbalisieren.
- Frau Schmidt verhielt sich überparteilich und setzte sich (erfolgreich) für ein gelingendes Miteinander ein.

Kinderschutz

Das Thema Kinderschutz hat u.a. durch die Voraussetzung eines Konzeptes zur Erteilung der Betriebserlaubnis (§45, Abs. 2, Nr. 3, SGB VIII) eine Aufwertung erfahren. Das Kindeswohl bezeichnet das grundsätzliche Wohlergehen eines Kindes. Neben dem körperlichen, geistigen und seelischen Wohl umfasst es auch die Berücksichtigung seines Willens. Folgende Handlungspflichten sind nach §8a SGB VIII zu erfüllen und in der Praxis nachzuweisen.

- Frau Schmidt wandte umfassende Erhebungsinstrumentarien für die verschiedenen Altersbereiche an.
- Frau Schmidt engagierte sich, um den Schutzauftrag nach §8a umzusetzen.
- Frau Schmidt verfügte sowohl über eine gute Beobachtungsfähigkeit als auch über das erforderliche Wissen, was konkrete, gewichtige Anhaltspunkte für eine Gefährdung des Kindeswohls sind.
- Sie kam (auch) ihren Aufgaben im Kinderschutz engagiert nach und kannte ihre Rolle, um den Schutzauftrag erfolgreich zu erfüllen.
- Frau Schmidt hat für eventuelle Kinderschutzfälle ein Ablaufdiagramm (Flowchart) zum konkreten Vorgehen entwickelt und so einen wichtigen Beitrag zur Transparenz geleistet.
- Sie konnte sehr behutsam, aber dennoch deutlich mit Eltern über Beobachtungen, die Sorge bereiten, sprechen.
- Frau Schmidt war es ein bedeutsames Anliegen, die Kita zu einem sicheren, schutzbietenden Ort für die Kinder zu machen, und setzte sich hierfür engagiert und erfolgreich ein.
- Sie begegnete den Kindern grundsätzlich mit Wohlwollen und Respekt.
- Frau Schmidt setzte sich für ein offenes und angstfreies Klima in der Kita ein, in dem die Vielfalt und Unterschiedlichkeit der Meinungen als Reichtum geschätzt wird, und ging hier beispielhaft voraus.
- Frau Schmidt erkannte bei Kindern sehr sensibel auch kleinste Anzeichen von Widerstand und respektierte dies vorbehaltslos.
- Frau Schmidt schenkte den verbalen und nonverbalen Signalen der Kinder die größte Bedeutsamkeit.
- Frau Schmidt verhielt sich sehr selbstreflektierend und sensibel für jede Form der Diskriminierung, Abwertung oder Bloßstellung Einzelner oder Gruppen.

Teilhabe und Partizipation

Die Erlaubnis zum Betrieb einer Einrichtung hängt, so in §45 SGB VIII festgelegt, seit dem 1. Januar 2012 auch davon ab, ob das Kindeswohl gewährleistet ist und ob dies durch die Schaffung angemessener Beschwerdemöglichkeiten und Beteiligungsrechten für Kinder sichergestellt wird. Beide Aspekte müssen in der Konzeption verankert und im pädagogischen Alltag erkennbar sein.

- Frau Schmidt hörte Kindern nicht nur zu, sondern konnte auch sehr gut heraushören, was ihr Anliegen war.
- Sie nahm sich im Alltag Raum und Zeit für vertrauliche Gespräche.
- Frau Schmidt begegnete den Kindern grundsätzlich, das heißt unabhängig vom Grad der Übereinstimmung, wertschätzend.
- Sie gab den Kindern die Möglichkeit, sich aktiv und gleichberechtigt in die Gestaltung des Alltags miteinzubringen.
- Frau Schmidt nahm die Perspektiven und Meinungen der Kinder ernst.
- Frau Schmidt praktizierte erfolgreich aktives, einfühlendes Zuhören und Verstehen und war so den Kindern ein Vorbild.
- Frau Schmidt ermutigte die Kinder, ihre Anliegen möglichst frühzeitig und direkt zu äußern und unterstützte sie dabei.
- Rituale und Formen zur Benennung von Unzufriedenheit, Problemen, Kritik und Beschwerden wurden von Frau Schmidt als feste Bestandteile im pädagogischen Alltag erfolgreich installiert.
- Frau Schmidt gab den Kindern weitgehende Entscheidungsfreiheiten, was sie mit wem und wie lange tun wollen.

Dürfen sich Kinder aktiv in die Gestaltung des Alltags einbringen?

- Sie holte aktiv Vorstellungen und Verbesserungsvorschläge der Kinder ein und setzte sie im Rahmen des Verantwortbaren um.
- Frau Schmidt erhob regelmäßig mit unterschiedlichen kindgerechten Methodiken, ob sich die Kinder in der Kita wohlfühlen.
- Sie hinterfragte regelmäßig gemeinsam mit den Kindern die Regeln und beteiligte sie bei der Erarbeitung und Überarbeitung neuer Regeln.
- Frau Schmidt ermutigte die Kinder, ihren Standpunkt darzustellen und abweichende Sichtweisen zu akzeptieren, zu respektieren und zu schätzen.

Zusammenarbeit mit Eltern und Familien

Pädagogische Fachkräfte und Eltern haben gemeinsam die Bildungs- und Erziehungsverantwortung für das Kind. Deshalb verständigen sie sich über die Bildungs- und Erziehungsziele und über die Aufgaben der Familie und der Tageseinrichtung.

- Frau Schmidt sorgte dafür, dass Eltern (und Kinder) Informationen über geplante Aktionen/Ereignisse/Aktivitäten in übersichtlicher Form zur Orientierung vorfanden.
- Frau Schmidt ermöglichte Eltern die aktive Teilnahme an Aktionen/Hospitationen im Alltag.
- Frau Schmidt informierte die Eltern regelmäßig über den Entwicklungsstand und die Entwicklungsfortschritte ihrer Kinder.
- Auf erkennbaren Gesprächsbedarf von Eltern reagierte Frau Schmidt zeitnah und nahm sich ausreichend Zeit für Gespräche.
- Auf Wunsch beriet Frau Schmidt Eltern fachlich fundiert und einfühlsam in Erziehungsfragen.
- Bei Bedarf unterstützte Frau Schmidt Eltern darin, Hilfen von Beratungsstellen in Anspruch zu nehmen, und stellte den Kontakt her.
- Differenzen mit Eltern über die Inhalte/Verfahren/Ziele der pädagogischen Arbeit wurden von Frau Schmidt zeitnah und wertschätzend besprochen.
- Frau Schmidt tauschte sich regelmäßig mit den Eltern über die pädagogische Arbeit aus und schaffte so Transparenz und Akzeptanz.
- Frau Schmidt bot den Eltern vielfältige Formen (Workshops, Gesprächskreise) der Zusammenarbeit an.
- Frau Schmidt begegnete den Eltern respektvoll/aufmerksam/wertschätzend/auf Augenhöhe.
- Frau Schmidt konnte sich rasch auf Eltern und deren Belange einstellen und hatte die Fähigkeit zum Perspektivenwechsel.
- Frau Schmidt reflektierte die Qualität des Umgangs/der Begegnung mit Eltern regelmäßig.
- Frau Schmidt gelang es sehr gut, einen vertrauensvollen Kontakt zu den Eltern aufzubauen.
- Frau Schmidt stimmte Aktivitäten zur Förderung der Bildungsprozesse der Kinder regelmäßig mit den Eltern ab.
- Für die Eltern war Frau Schmidt eine geschätzte Ansprechpartnerin.
- Frau Schmidt stellte sich aufmerksam und flexibel auf Eltern ein, wahrte dabei aber ihre Eigenständigkeit.
- Durch ihre wertschätzende und kooperative Haltung gewann Frau Schmidt die Eltern für eine aktive Mitgestaltung.
- Frau Schmidt prüfte Ideen und Anregungen von Eltern vorbehaltlos und setzte sie nach Möglichkeit um.

Übergangsgestaltung und Transition

Während ihrer Kita-Zeit nehmen Kinder teils mehrere Gruppenwechsel vor und erleben Abschiede von wichtigen Bezugspersonen. Häufig gibt es in Kitas strukturell eingeplante Brüche, wenn zum Beispiel die Altersbereiche getrennt sind und ein Kind von einem zum anderen Altersbereich wechselt. Damit dieser Übergang für die Kinder leichter ist, müssen durch die Fachkräfte entsprechend individuell angepasste Schritte und Maßnahmen geplant und umgesetzt werden. Auch der Wechsel von Kita zu Schule ist einschneidend. Aufgabe der Fachkräfte ist es, auch diese Transition möglichst sanft zu gestalten.

- Frau Schmidt berücksichtigte bei der Übergangsgestaltung von Gruppen- oder Altersbereichen die individuelle Situation des Kindes.
- Frau Schmidt orientierte sich bei der Gestaltung von Übergängen nicht nur am Alter, sondern auch am Entwicklungsstand des Kindes.
- Frau Schmidt war sich bewusst, dass die Kinder Zeit benötigen, um sich orientieren und neue Beziehungen zu den Kindern und den Erwachsenen finden zu können.
- Frau Schmidt begleitete die Kinder bei den Gruppenwechseln und gab ihnen so Sicherheit, sich Neuem zuwenden zu können.
- Frau Schmidt war sich der Bedeutung einer guten Übergangsgestaltung bewusst und engagierte sich deshalb frühzeitig bei der Planung der „Ausgewöhnungsphase".
- Frau Schmidt beobachtete die Kinder sehr genau hinsichtlich ihrer Lernstrategien und richtete ihre Impulse und Angebote entsprechend zielgerichtet aus.
- Frau Schmidt hatte einen genauen Überblick über den sozial-emotionalen und kognitiven Entwicklungsstand der Kinder und wusste, welche Herausforderungen den Kindern entsprechen.
- Frau Schmidt pflegte einen engen, regelmäßigen und vertrauensvollen Kontakt zu den Lehrkräften der Schule.
- Frau Schmidt nahm mit den Kooperationslehrer*innen frühzeitig Kontakt auf, tauschte Informationen aus und plante den Übergang im Sinne der Kinder harmonisch.
- Frau Schmidt besuchte mit den künftigen Schulanfänger*innen vorab die Schule und trug so erfolgreich dazu bei, Barrieren/Ängste/Vorbehalte bei den Kindern abzubauen.
- Zum gegenseitigen Kennenlernen besuchte Frau Schmidt mit den einzuschulenden Kindern den Unterricht; ebenso lud sie die Lehrkräfte zu Aktionen/Aktivitäten in die Kita ein.
- Frau Schmidt führte gut geplante/fundiert gestaltete Elternabende (mit den Lehrkräften) zu Fragen des Übergangs durch und war so den Eltern eine gute Beraterin.
- Frau Schmidt ging sehr individuell und behutsam auf Fragen/Themen/Gedanken der Kinder zum Übergang in die Schule ein.

Anleitung

Hier wird bewertet, inwieweit die Fachkraft, für die anzuleitende Person ein Klima und Lernfeld schafft, das ihr professionelle Entfaltung und Entwicklung bietet. Ebenso geht es darum, welches Rollenverständnis die Fachkraft hat und wie sie ihre Arbeitsbeziehungen gestaltet.

- Zweitkräfte/Pädagogische Mitarbeiter*innen und Praktikant*innen fanden in Frau Schmidt stets eine vorbildliche Anleiterin.
- Bei der Anleitung von Mitarbeiter*innen und Praktikant*innen zeigte Frau Schmidt viel Sachverstand, Einfühlungsvermögen und Ideenreichtum.
- Frau Schmidt vermochte Mitarbeiter*innen schrittweise zu selbstständigem Handeln anzuleiten.
- Frau Schmidt konnte ihr fachlich fundiertes Wissen in den Anleitungsaufgaben sehr gut umsetzen.
- In regelmäßigen Anleitungsgesprächen brachte Frau Schmidt ihre Erfahrung und ihr Fachwissen ein.
- Durch ihre einfühlsame und beratende Anleitung von Praktikant*innen ermöglichte Frau Schmidt diesen ein reflektiertes Lernen und Handeln.
- Durch ihre kompetente Anleitung unterstützte Frau Schmidt die Eigeninitiative ihrer Mitarbeiter*innen.
- Frau Schmidt motivierte und unterstützte ihre Mitarbeiter*innen und bezog sich dabei auf deren Stärken.
- Mitarbeiter*innen und Praktikant*innen erhielten von Frau Schmidt stets eine gute und umfassende Anleitung.
- Frau Schmidt ist hervorragend für die Ausbildung und Anleitung von Praktikant*innen geeignet.
- Durch ihre verantwortungsbewusste Anleitung ermöglichte Frau Schmidt Praktikant*innen einen lebendigen und erfolgreichen Lernprozess.

2.3. Bildungsbereichsspezifische Aspekte

Lernen von Kindern erfolgt immer ganzheitlich, spielerisch und meist in Kooperation mit anderen. Aufgabe der Fachkräfte ist es, Kindern im Kita-Alltag die erforderlichen Bedingungen zur Verfügung zu stellen und gemeinsam mit ihnen einen anregenden „Lernraum" zu gestalten. Alle Formulierungsvorschläge sind auch hier positiv und sollten im Zeugnis nur verwendet werden, wenn sie den Tatsachen entsprechen.

Bewegung

Kinder haben von Natur aus ein Bedürfnis nach Bewegung. Ausreichende Bewegungserfahrungen ermöglichen eine gesunde körperliche Entwicklung, stärken das Selbstbewusstsein und bilden beste Voraussetzungen für die geistige Entwicklung. Doch leider haben Kinder heute immer weniger Bewegungsgelegenheiten und immer mehr verlagert sich das Spielen und Bewegen von draußen nach drinnen. Diese Veränderung verlangt von pädagogischen Fachkräften, ihre Angebote entsprechend anzupassen und eine ganzheitliche Bewegungsförderung in den Kita-Alltag zu integrieren.

- Frau Schmidt beobachtete die Bewegungsfertigkeiten der Kinder sehr differenziert und stimmte das Angebot an vielfältigen Bewegungsmöglichkeiten darauf ab.
- Frau Schmidt motivierte die Kinder erfolgreich, auch für sie fremde/ungewohnte Bewegungsmöglichkeiten zu erproben, und unterstützte sie bei Bedarf dabei.
- Durch ihre begeisternde Art vermittelte sie den Kindern Freude/Mut, sich selbst aktiv am Geschehen zu beteiligen.
- Bei der Gestaltung des Tagesablaufs berücksichtigte Frau Schmidt stets das Bedürfnis der Kinder nach motorischer Aktivität.
- Frau Schmidt achtete darauf, dass die Kinder nicht nur zu festgelegten Zeiten ihren individuellen Bewegungsbedürfnissen nachgehen können.
- Frau Schmidt hatte einen guten Blick für eine ausgewogene/vielfältige Gestaltung des Bewegungsbereichs und erreichte auf diese Weise viele Kinder.
- Kinder mit geringer Bewegungsmotivation wurden von Frau Schmidt dank ihrer guten Beobachtungsgabe differenziert wahrgenommen und mittels auf deren Fähigkeiten/Interessen abgestimmten Bewegungsaktivitäten motiviert.
- Es gelang Frau Schmidt sehr gut, mit den Kindern einhaltbare Regeln, die allen entwicklungs- und altersgemäße Bewegungsaktivitäten ermöglichen, zu entwickeln.

Rollenspiel

Schon früh beginnen Kinder, im Spiel in fremde Rollen zu schlüpfen. Dabei erleben sie Fantasiewelten, spielen aber auch den Alltag nach. Rollenspiele machen nicht nur Spaß, sondern sind auch ein wichtiges Training für unterschiedliche soziale Fähigkeiten und ein entscheidender Beitrag zur Förderung der Kreativität und Sprache.

- Frau Schmidt bereicherte das Rollenspiel der Kinder mit Spielideen, Impulsen oder zusätzlichem Material.
- Frau Schmidt war sich der Bedeutung des Rollenspiels für die kindliche Entwicklung bewusst und schuf – unter Beteiligung der Kinder – einen Bereich, in dem die Kinder vielfältige reale Situationen spielerisch aufbereiten können.
- Spielideen von Kindern griff Frau Schmidt spontan auf und erweiterte die Spielszenen sprachlich/durch zusätzliches Material.
- Es gelang Frau Schmidt sehr gut, Rollenspiele, die sich an der Erfahrungswelt der Kinder orientieren, zu initiieren.
- Für das Rollenspiel stellte Frau Schmidt den Kindern vielfältige Materialien zur Verfügung, die sich an deren Lebenswelten, Interessen, Bildungs- und Entwicklungsthemen orientierten.
- Frau Schmidt räumte den Kindern in der Tagesgestaltung ausreichend Zeit und Gelegenheiten für das Rollenspiel ein und trug so zur Entstehung von für die Kinder ergiebigen Spielsituationen bei.
- Bei der Anschaffung von Ausstattungsgegenständen für den Rollenspielbereich orientierte sich Frau Schmidt an den Wünschen/Interessen/Themen der Kinder und beteiligte sie angemessen.
- Frau Schmidt setzte sich engagiert dafür ein, dass die Kinder den Freiraum bekommen, die ihnen wichtigen Themen spielerisch zu bearbeiten.

Bauen und Konstruieren

Bauen und Konstruieren sind grundlegender Bestandteil des kindlichen Spiels. Hierbei können sich Kinder elementare materialbezogene und soziale Erfahrungen aneignen. Unterschiedliche räumliche Voraussetzungen und Materialien bilden die Grundelemente für das Bauen und Konstruieren und sind somit Ausgangspunkt für vielfältige Bildungsprozesse (Fantasie und Kreativität, Sprache und Kommunikation, das Erleben physikalischer Gesetze und mathematischer Zusammenhänge …).

Wie lassen sich Kinder auch für ungewohnte Bewegungsmöglichkeiten begeistern?

- Frau Schmidt legte großen Wert darauf, den Kindern die Möglichkeit zu bieten, ihre baulichen Vorstellungen großräumig realisieren zu können.
- Frau Schmidt forderte die Kinder dazu auf, ihre Ideen/Pläne zum Bauen und Konstruieren sprachlich zu erläutern.
- Frau Schmidt reicherte Konstruktionsideen durch neue Anreize oder Materialien an und motivierte auf diese Weise die Kinder, weiter an ihrem Thema zu arbeiten.
- Frau Schmidt gelang es sehr gut, die Kinder an neue/unterschiedliche Techniken des Bauens und Konstruierens heranzuführen/für unterschiedliche Techniken des Bauens und Konstruierens zu interessieren.
- Frau Schmidt konnte die Kinder erfolgreich dazu anregen, Erfahrungen mit unterschiedlichen Werkstoffen und Werkzeugen zu machen und sich darin zu üben.

Naturwissenschaften

Der naturwissenschaftliche Bereich, der sich mit der belebten und unbelebten Natur befasst, ist für eine ganzheitliche Bildung unerlässlich. Kinder haben von Geburt an ein forschendes Interesse, das Fachkräfte fördern und erhalten können. Hierzu bedarf es einer anregungsreichen Umgebung hinsichtlich der Raumgestaltung und der Ausstattungsvielfalt.

- Frau Schmidt regte die Kinder auf vielfältige Art und Weise zum eigenständigen Experimentieren an.
- Sie gestaltete den naturwissenschaftlichen Bildungsbereich immer wieder thematisch neu und schaffte so abwechslungsreiche Herausforderungen für das Experimentieren der Kinder.
- Frau Schmidt gelang es gut, den Kindern in den Räumen, aber auch im Außenbereich, Möglichkeiten für forschendes Spiel aufzuzeigen.
- Frau Schmidt hatte den Bildungsbereich/Raum so strukturiert, dass die Kinder vielfältige Möglichkeiten für Experimente vorfanden.
- Aufgrund ihres eigenen Interesses an naturwissenschaftlichen Themen konnte sie die Kinder zum Mitmachen und zur Erkundung begeistern.
- Frau Schmidt zeigte und erklärte den Kindern, wie sie sich Informationen zu Sachthemen beschaffen können.
- Frau Schmidt sprach mit den Kindern über naturwissenschaftliche Themen und ermutigte sie dazu, eigene Erfahrungen zu machen.
- Sie regte die Kinder an, ihre Theorien, Kenntnisse und Interessen in die Planung von Aktivitäten oder Projekten einzubringen.
- Frau Schmidt wies die Kinder auf Naturphänomene hin und regte sie zur eigenen Hypothesenbildung an.
- Frau Schmidt leitete die Kinder erfolgreich zu einem sorgfältigen/angemessenen/rücksichtsvollen Umgang mit Experimentiermaterialien an.
- Frau Schmidt berücksichtigte bei der Gestaltung ihres naturwissenschaftlichen Arbeitsbereiches den Entwicklungsstand der Kinder und schaffte es so, für alle Altersgruppen adäquate Bedingungen herzustellen.
- Sie organisierte Aktivitäten und Projekte, um Kinder zum Entdecken und Ausprobieren aufzufordern.
- Frau Schmidt gelang es sehr gut/gut, die Kinder für die Bedeutung des schonenden Umgangs mit der Natur und seinen Ressourcen zu sensibilisieren.
- Frau Schmidt führte mit den Kindern sehr gut durchdachte Projekte im Themenbereich Naturpädagogik/Umweltpädagogik/Bildung für nachhaltige Entwicklung durch.

Logik und Kognition

Kinder versuchen schon früh, ihre Umgebung durch Bewegen, Sortieren, Messen und Vergleichen von Gegenständen zu verstehen. Zahlen sind ihnen bereits aus anderen Kontexten vertraut, ohne dass sie als solche immer bewusst wahrgenommen würden (zum Beispiel durch das Auffädeln von Perlen, das Sortieren von Knöpfen verschiedener Farbe und Größe, Abzählverse). Dieses natürliche mathematische Interesse können Fachkräfte aufgreifen und Kinder dabei unterstützen, sich mit ihrer eigenen Logik die Welt anzueignen.

- Frau Schmidt hörte den Dialogen der Kinder untereinander intensiv zu, um sich ein Bild von dem Wissen, den Wegen des Denkens und den Lösungsstrategien der Kinder zu machen.
- Frau Schmidt regte die Kinder durch Fragen an, Erfahrungen und vorhandenes Wissen auf neue Situationen anzuwenden/zu übertragen.
- Frau Schmidt gelang es gut, Zusammenhänge nachvollziehbar aufzuzeigen und Wissen auf kindgerechte Art und Weise zu vermitteln.
- Auf Sachfragen der Kinder gab Frau Schmidt – je nach Erfordernis – fachlich angemessene Antworten oder Hinweise, wie und wo sie selbst eine Antwort finden können, und begleitete sie dabei.

- Frau Schmidt griff geeignete Ereignisse/Situationen für Impulse und Aktivitäten auf, die die Kinder zum Erkunden und Experimentieren herausforderten.
- Frau Schmidt plante und realisierte anschauliche und handlungsgebundene Aktivitäten zu kognitiven Themenbereichen wie Distanzen, Zeit, Mengen, Zahlen, Formen.
- Frau Schmidt regte die Kinder an, ihre Hypothesen und Vorstellungen zu kommunizieren und entsprechende Erfahrungen und Experimente zu dokumentieren.
- Frau Schmidt unterstützte die Kinder darin, ihr Wissen/ihre Erfahrungen in gemeinsame Vorhaben mit einzelnen Kindern/der Gruppe einzubringen.

Sprache, Kommunikation und Interaktion

Kinder in ihrer Sprachentwicklung zu unterstützen und zu begleiten, ist Kernaufgabe aller pädagogischen Fachkräfte. Sprachförderung muss in die Gesamtkonzeption der Einrichtung integriert werden; sie findet im Alltag und in den unterschiedlichsten Situationen statt und richtet sich an alle Kinder. Sprache und Interaktion können nur im lebendigen, vom Kind als bedeutungsvoll erlebten Kontakt mit anderen Menschen erlernt werden. Insofern ist Sprachförderung ein sozialer Prozess und kein Lernprogramm.

- Frau Schmidt beobachtete regelmäßig und systematisch die Sprachkompetenz und das Sprachverhalten der Kinder.
- Frau Schmidt zeigte großes Interesse an Gesprächen mit Kindern und signalisierte so ihre Dialogbereitschaft.
- Frau Schmidt war den Kindern stets ein Sprachvorbild.
- Frau Schmidt trat mit den Kindern feinfühlig in Dialog und ermutigte sie, sich sprachlich auszudrücken.
- Auf die Äußerungen jüngerer Kinder, die sich sprachlich noch nicht so treffend ausdrücken können, reagierte Frau Schmidt vorbildlich.
- Frau Schmidt griff stets Gelegenheiten auf, mit den Kindern über deren Wünsche, Interessen, Erlebnisse und Gefühle zu sprechen.
- Frau Schmidt förderte die sprachliche Ausdrucksfähigkeit der Kinder, indem sie in der pädagogischen Arbeit vielfältige sprachliche Formen (Reime, Verse, Geschichten, Lieder …) einsetzte.
- Frau Schmidt orientierte sich bei der Planung von besonderen sprachlichen Aktivitäten am unterschiedlichen Alter bzw. Entwicklungsstand, an den jeweiligen Sprachkompetenzen sowie am kulturell-sprachlichen Lebensumfeld der Kinder.
- Frau Schmidt unternahm Aktivitäten außerhalb der Kita (zum Beispiel Theater- und Museumsbesuche, Lesungen), um die Erfahrungswelt der Kinder zu erweitern und ihre Sprachfähigkeiten zu fördern.
- Frau Schmidt dokumentierte die Sprachentwicklung der Kinder regelmäßig und systematisch.
- Frau Schmidt veranstaltete mit den Kindern Gesprächsrunden zu unterschiedlichen Themen (philosophische Fragen, Nacherzählen oder Erfinden von Geschichten) und förderte dadurch deren Sprachkompetenzen.
- Frau Schmidt hielt Literacy-Erziehung für so zentral, dass sie sie – mit großem Erfolg – als Querschnittsthema in ihre pädagogischen Arbeit miteinbezog.

Ernährung, Hygiene und Körperpflege

Es ist Aufgabe der Kita, auf ganzheitliche Weise zu einem gesunden Aufwachsen der Kinder beizutragen. Bildungschancen und Gesundheitszustand hängen bekanntermaßen eng zusammen und werden wesentlich von den familiären Lebensverhältnissen beeinflusst. In der Kita können Fachkräfte Kinder aus allen sozialen Schichten früh erreichen und sollten deshalb gesundheitsfördernde Themen (wie Bewegung, Ernährung, Hygiene, Körperpflege, Stressbewältigung, Entspannung) verfolgen. So finden Kinder eine im positiven Sinne prägende Umgebung vor und können eine entsprechende Haltung zu diesen Themen entwickeln.

- Frau Schmidt gestaltete Essenssituationen so, dass sich alle Beteiligten bei Tisch wohlfühlten.

Gemeinsam essen stärkt auch die Beziehung.

- Frau Schmidt war den Kindern im Hinblick auf eine gesundheitsbewusste Ernährung und Lebensweise stets ein Vorbild.
- Essenssituationen wurden von Frau Schmidt auch als kommunikative Ereignisse angesehen und entsprechend gestaltet.
- Frau Schmidt bezog die Kinder – im Rahmen ihrer jeweiligen Möglichkeiten – in die Vorbereitung von Mahlzeiten ein.
- Frau Schmidt plante regelmäßig Koch- oder Backaktionen mit den Kindern und berücksichtigte dabei alle in der Einrichtung vertretenen Kulturen.
- Damit die Mahlzeiten für alle Beteiligten in einer guten Atmosphäre stattfinden konnten, vereinbarte Frau Schmidt mit den Kindern einen zeitlichen Rahmen sowie Verhaltensweisen bei Tisch.
- Frau Schmidt achtete darauf, dass sich Räume und Ausstattung in einem guten und hygienisch einwandfreien Zustand befanden.
- Die Interessen, Abneigungen und Vorlieben jedes Kindes im Bereich Körperpflege wurden von Frau Schmidt aufmerksam beobachtet und zur Grundlage ihres diesbezüglichen Handelns gemacht.
- Für Frau Schmidt waren Situationen der Körperpflege (zum Beispiel Wickelsituationen) immer auch Bildungsanlässe und sie gestaltete sie entsprechend.
- Die Kinder wurden von Frau Schmidt bei der Körperpflege in ihrer Selbstständigkeit unterstützt/bestärkt.
- Frau Schmidt nutzte Körperpflegesituationen dazu, die Kinder in ihrer sozial-emotionalen, kognitiven und sprachlichen Entwicklung zu fördern.

Ermutigt die Fachkraft zu musikalischem Ausdruck?

Bildende Kunst, Musik und Tanz

Ziel ist es, die kindliche Fantasie auf vielfältige Weise anzuregen und den Kindern Erfahrungsräume zur Verfügung zu stellen, in denen sie verschiedene Formen des Ausdrucks erproben können. In der Auseinandersetzung mit der künstlerischen Arbeit schulen sowohl die Kinder als auch die Fachkräfte ihren Blick für unterschiedliche, ungewöhnliche und neue Materialien und Kulturtechniken. Hierzu brauchen die Kinder neben herausfordernd ausgestatteten Räumen Erwachsene, die sie beim Betreten von „Neuland" begleiten.

- Frau Schmidt berücksichtigte bei der Raumgestaltung, dass die unterschiedlichen kreativen Bereiche jeweils einen klar definierten Ort haben.
- Frau Schmidt beobachtete die Kinder in ihren kreativen Ausdrucksformen, Ideen und Vorlieben sehr genau und konnte dadurch weiterführende/anregende Impulse geben.
- Frau Schmidt ging einerseits auf die Interessen und Neigungen der Kinder ein, forderte sie aber andererseits auch dazu heraus, sich mit neuen Formen und Techniken in allen kreativen Bereichen auseinanderzusetzen.
- Frau Schmidt führte mit den Kindern intensive Gespräche über deren künstlerische Ideen und Vorhaben.
- Frau Schmidt ermutigte die Kinder zu musikalischem/tänzerischem/bildnerischem Ausdruck.
- Frau Schmidt führte im künstlerisch-kreativen Bereich sehr gut strukturierte und anspruchsvolle Projekte durch, die den Kindern neue Erfahrungsdimensionen ermöglichten.
- Frau Schmidt gestaltete den Kreativbereich durch vielfältige Materialien, die weit über das übliche Ausstattungsspektrum einer Kita hinausgingen und hohen Aufforderungscharakter für die Kinder hatten.
- Frau Schmidt dokumentierte die Interessen der Kinder für gestalterische Prozesse und konnte so deren künstlerisch-kreative Entwicklung nachvollziehbar machen.

Entwicklung des Sozialverhaltens

Trotz der Bedeutsamkeit der Selbstbildung der Kinder darf die Förderung ihres Sozialverhaltens nicht aus den Augen verloren werden. Aufgabe der Fachkräfte ist es, den Kindern bewährte Werte, Normen und Regeln des gesellschaftlichen Zusammenlebens zu vermitteln und mit ihnen im Alltag zu erproben. Das Kind soll erfahren, dass es Teil des Ganzen ist, sich mit seinen Fähigkeiten in die Gemeinschaft einbringen kann und von ihr anerkannt wird. Dazu gehört aber auch, Konflikte zu bewältigen, Rücksicht zu nehmen und Toleranz zu üben. Hier sind die Fachkräfte wichtige Vorbilder.

- Frau Schmidt beobachtete die Kinder in Aushandlungs- und Konfliktsituationen sehr genau, achtete darauf, welche Formen der Auseinandersetzung gewählt werden, und unterstützte sie bei Bedarf.
- Frau Schmidt hatte Mädchen und Jungen gleichermaßen gut im Blick und regte diese an, sich an allen Aktivitäten zu beteiligen.
- Frau Schmidt bestätigte die Kinder bei kooperativen Handlungen/konstruktiven Konfliktlösungen und motivierte sie so zu Wiederholungen.
- Frau Schmidt war es wichtig, bei Konflikten die Sichtweisen aller beteiligten Kinder zu berücksichtigen und mit ihnen tragfähige und von allen akzeptierte Lösungen zu entwickeln.
- Frau Schmidt konnte sehr einfühlsam und sensibel mit den Kindern über deren Gefühle sprechen.
- Frau Schmidt reflektierte das Rollenverständnis der Familien der Kinder, konnte Diskrepanzen zum eigenen Verständnis akzeptieren und begründete ihre Haltung/Position gegenüber den Kindern für diese nachvollziehbar.
- Frau Schmidt gelang es gut, die Kontaktaufnahme von Kindern untereinander/gruppenübergreifende Freundschaften zu unterstützen.
- Frau Schmidt öffnete den Kindern mit Erfolg den Blick dafür, dass sich individuelle Interessen und Bedürfnisse gut mit denen anderer/der Gruppe in Verbindung bringen lassen.
- Frau Schmidt plante Projekte und Aktivitäten, die sich mit unterschiedlichen Gefühlen und emotionalen Ausdrucksformen beschäftigten und setzte diese mit Engagement/Erfolg um.
- Frau Schmidt war es wichtig, die Kinder auch darin zu unterstützen, Misserfolge ertragen und verarbeiten zu können, und war ihnen dabei eine wichtige Beraterin/Begleiterin/Gesprächspartnerin.
- Frau Schmidt bezog die Kinder aktiv ein und beteiligte sie auch an Planungen und Entscheidungen.
- Mit Erfolg unterstützte Frau Schmidt die Kinder darin, die Interessen und Bedürfnisse anderer Menschen wahrzunehmen und zu berücksichtigen.

2.4. Zusammenfassende Beurteilung der Leistung

Die zusammenfassende Zufriedenheitsaussage, die am Ende der Leistungsbeschreibung erfolgt, gibt Ihnen die Möglichkeit, die zuvor genannten Inhalte der Beurteilung zu bekräftigen und in einer passenden Formulierung zusammenzufassen. Dadurch soll verdeutlicht werden, dass die Leistungsbeschreibung im Sinne des geschriebenen Wortes zu verstehen ist (positiv optimal).
Treffen die beschriebenen Leistungsbewertungen aber nur bedingt zu, dann wird eine zusammenfassende Formulierung verwendet, die den tatsächlichen Leistungsstand wiedergibt (positiv mit Einschränkungen).
Bitte orientieren Sie sich dabei an den Formulierungsvorschlägen nachfolgender Zufriedenheitsskala:

Bewertung: „Positiv optimal" (Notenbereich 1,0–2,4)

- Wir waren mit ihrer Arbeit und ihren Leistungen stets in jeder Hinsicht außerordentlich zufrieden.
- Die ihr übertragenen Arbeiten/Alle Arbeiten wurden stets zu unserer vollsten Zufriedenheit erledigt.
- Wir waren mit ihren Leistungen außerordentlich zufrieden.
- Ihre Leistungen waren immer sehr gut.
- Sie hat unseren Erwartungen (und Anforderungen) in jeder Hinsicht und in allerbester Weise entsprochen.
- Die Aufgaben wurden stets mit äußerster Sorgfalt und größter Genauigkeit erledigt.
- Ihre Leistungen haben in jeder Hinsicht stets unsere vollste Anerkennung gefunden.
- Die ihr übertragenen Arbeiten/Alle Arbeiten wurden stets zu unserer vollen Zufriedenheit erledigt.
- Sie hat ihre Aufgaben zu unserer vollsten Zufriedenheit erledigt.
- Sie hat unseren Erwartungen und Anforderungen in jeder Hinsicht und in bester Weise entsprochen.
- Wir waren mit ihren Leistungen voll und ganz zufrieden.
- Ihre Leistungen waren gut.
- Die Aufgaben wurden mit äußerster Sorgfalt und Genauigkeit erledigt.
- Die Leistungen haben in jeder Hinsicht die volle Anerkennung gefunden.
- Sie arbeitete stets zuverlässig und gewissenhaft.

Bewertung: „Positiv mit Einschränkungen" (Notenbereich 2,5–3,0)

- Die ihr übertragenen Arbeiten/Alle Arbeiten wurden zu unserer vollen Zufriedenheit erledigt.
- Sie hat die ihr übertragenen Aufgaben stets zu unserer Zufriedenheit erledigt.
- Den Erwartungen wurde in jeder Hinsicht entsprochen.
- Den Erwartungen wurde in bester Weise entsprochen.
- Die Aufgaben wurden mit großer Sorgfalt und Genauigkeit erledigt.
- Die Erwartungen wurden in jeder Hinsicht erfüllt.

Bei der zusammenfassenden Beurteilung der Leistung in einem Zeugnis sollten Bewertungen, die schlechter als „befriedigend" sind, nicht erwähnt werden (Nullstellen).

3. Beurteilung des Verhaltens

3.1. Verhalten zu Internen

Hier wird beurteilt, ob die Fachkraft sich im Umgang mit Vorgesetzten, Mitarbeiter*innen und Kolleg*innen vertrauenswürdig, hilfsbereit und ausgeglichen verhält und ob sie über Kooperations- und Teamfähigkeit verfügt. Bedeutsam sind auch Eigenschaften wie Beliebtheit, Wertschätzung, Freundlichkeit und Offenheit. Mit der Fähigkeit der Vorurteilsbewusstheit wird beurteilt, ob jemand seine „blinden Flecken" kennt und entsprechend selbstreflektiert handeln kann.

Verhalten gegenüber Vorgesetzten, Mitarbeiter*innen und Kolleg*innen

Es ist wichtig, dass Sie sowohl das Verhalten gegenüber Vorgesetzten als auch das Verhalten gegenüber Mitarbeiter*innen und Kolleg*innen beurteilen. Wenn das Verhältnis tatsächlich gut war, sollte die/der Vorgesetzte vor den Mitarbeiter*innen und Kolleg*innen genannt werden. So wird der Eindruck vermieden, dass das Verhältnis zu Letzteren besser war als das zur/zum Vorgesetzten. Denn bei der Beurteilung des Verhaltens ist primär maßgebend, wer in welcher Rangfolge genannt ist, und nicht ausschließlich das, was beschrieben ist.

„Sehr gut bis gut"

(Vorgesetzte an erster Stelle)

- Das Verhalten von Frau Schmidt gegenüber Vorgesetzten, Mitarbeiter*innen und Kolleg*innen war stets/jederzeit vorbildlich.
- Wegen ihrer freundlichen und zuvorkommenden Art war Frau Schmidt bei ihren Vorgesetzten, ihren Mitarbeiter*innen und ihren Kolleg*innen (stets) sehr geschätzt und beliebt.
- Frau Schmidt war eine verantwortungsbewusste und zuverlässige Mitarbeiterin, die zu Vorgesetzten, Mitarbeiter*innen und Kolleg*innen stets ein (sehr) gutes Verhältnis hatte.
- Aufgrund ihrer kooperativen Haltung war Frau Schmidt bei Vorgesetzten, Mitarbeiter*innen und Kolleg*innen (stets) sehr anerkannt und geschätzt.
- Frau Schmidt war eine allseits geschätzte Mitarbeiterin, die sich sehr gut in das Team einfügte. Ihr Verhalten gegenüber Vorgesetzten, Mitarbeiter*innen und Kolleg*innen war immer einwandfrei.
- Das Verhalten von Frau Schmidt gegenüber Vorgesetzten, Mitarbeiter*innen und Kolleg*innen war vorbildlich.
- Frau Schmidt war bei Vorgesetzten, Mitarbeiter*innen und Kolleg*innen gleichermaßen geschätzt und beliebt.

„Befriedigend"

(Vorgesetzte erst an zweiter oder dritter Stelle, Vorgesetzte oder Mitarbeiter*innen/Kolleg*innen bleiben unerwähnt)

- Das Verhalten von Frau Schmidt gegenüber Mitarbeiter*innen, Kolleg*innen und Vorgesetzten war vorbildlich.
- Wegen ihrer freundlichen und zuvorkommenden Art war Frau Schmidt bei ihren Kolleg*innen und Vorgesetzten beliebt.
- Frau Schmidt war eine verantwortungsbewusste und zuverlässige Mitarbeiterin, die zu Kolleg*innen und Vorgesetzten ein gutes Verhältnis hatte.
- Aufgrund ihrer kooperativen Haltung war Frau Schmidt bei Kolleg*innen und Vorgesetzten anerkannt und beliebt.
- Frau Schmidt war eine angenehme Mitarbeiterin, die sich im Kolleg*innenkreis und bei ihren Vorgesetzten allgemeiner Beliebtheit erfreute.
- Das Verhalten von Frau Schmidt gegenüber ihren Mitarbeiter*innen und Kolleg*innen war vorbildlich.
- Das Verhalten von Frau Schmidt gegenüber Vorgesetzten war vorbildlich.
- Die Zusammenarbeit von Frau Schmidt mit ihren Kolleg*innen/Vorgesetzten war stets befriedigend.
- Gegenüber den Kolleg*innen verhielt sich Frau Schmidt korrekt.
- Das Verhalten von Frau Schmidt gegenüber ihrer Vorgesetzten war höflich und korrekt.
- Frau Schmidt vermied Spannungen und hatte zu ihren Vorgesetzten ein gutes Verhältnis.

Zusammenarbeit mit Kolleg*innen im Team

Bei der Bewertung der Teamfähigkeit geht es darum, inwieweit Mitarbeiter*innen in der Lage und motiviert sind, in einem Team zu arbeiten, ob die Bereitschaft besteht, sich für gemeinsame Ziele einzusetzen, die eigenen Kompetenzen einzubringen und persönliche Ziele – zumindest vorübergehend – zurückzustellen.

„Sehr gut bis gut"

- Frau Schmidt wurde im Kreis der Kolleg*innen voll akzeptiert.
- Frau Schmidt konnte sich sehr gut/flexibel/situationsangemessen auf einzelne Teammitglieder einstellen.
- Frau Schmidt brachte sich in Teambesprechungen sehr engagiert ein und überzeugte mit praktikablen Vorschlägen.
- Frau Schmidt wurde im Team als wertvolles Mitglied geschätzt und um Rat gefragt.
- Frau Schmidt pflegte eine enge, partnerschaftliche Zusammenarbeit mit ihren Mitarbeiter*innen und beteiligte diese an Entscheidungen.
- Frau Schmidt zeigte stets eine aktive und kooperative Mitarbeit.
- Bei Personalmangel war Frau Schmidt stets bereit, weiterzuhelfen und einzuspringen.
- Frau Schmidt ging offen auf Kolleg*innen zu, fand rasch Kontakt und konnte tragfähige Arbeitsbeziehungen herstellen.
- Frau Schmidt nahm mit großem Engagement an Teambesprechungen teil.
- Im Kontakt mit den Kolleg*innen war Frau Schmidt stets freundlich und hilfsbereit.
- Frau Schmidt verhielt sich ihren Kolleg*innen gegenüber sehr kooperativ.
- Frau Schmidt war stets freundlich und aufgeschlossen.
- Frau Schmidt konnte sich selbstkritisch betrachten und Kritik anderer gut annehmen.

„Befriedigend"

- Frau Schmidt legte Wert auf eine konstruktive Zusammenarbeit innerhalb der Einrichtung.
- Frau Schmidt fiel es durchaus leicht, mit anderen Menschen in Kontakt zu treten und entsprechende Arbeitsbeziehungen herzustellen.
- Frau Schmidt nahm interessiert an Teambesprechungen teil und brachte sich mit Ideen ein.
- Frau Schmidt konnte sich selbstkritisch betrachten und war für Kritik anderer grundsätzlich offen.
- Frau Schmidt fiel es meist leicht, auf andere Menschen zuzugehen.

Wie ist der Umgang mit Vorgesetzten, Mitarbeiter*innen und Kolleg*innen?

- Frau Schmidt hielt sich in der Regel an getroffene Absprachen.
- Frau Schmidt nahm gerne an Teambesprechungen teil.
- Frau Schmidt verhielt sich zu ihren Kolleg*innen korrekt.

3.2. Verhalten zu Externen

Die Fähigkeit zur Zusammenarbeit mit Kooperationspartner*innen und anderen Externen sollten Sie nur dann beurteilen, wenn die Bewertung im positiven Bereich liegt. Trifft dies nicht zu, verzichten Sie besser darauf. Folgende Fragen können Sie zum Beispiel stellen: Mit welcher Freundlichkeit, Offenheit und Sicherheit wird auf Kooperationspartner*innen zugegangen? Ist eine wertschätzende und anerkennende Grundhaltung vorhanden? Ist der Umgang zuverlässig und verbindlich und bleibt die Interessenlage der jeweiligen Partner*innen im Blick?

- Frau Schmidt maß der Vernetzung in den Sozialraum einen hohen Stellenwert bei und kooperierte eng und erfolgreich mit den Partner*innen im Stadtteil.
- Frau Schmidt konnte mit den Kooperationspartner*innen eine tragfähige und vertrauensvolle Arbeitsebene herstellen.
- Frau Schmidt suchte und fand im Sozialraum Ressourcen und Partner*innen für eine wirkungsvolle Zusammenarbeit, die den Kindern und Familien zugutekam.
- Frau Schmidt förderte durch die Kooperation mit anderen Einrichtungen (Schulen, Musikschulen, Vereinen) die Bildungsprozesse der Kinder wirkungsvoll.
- Frau Schmidt kooperierte eng mit der Grundschule und trug zu einem gelingenden Übergang bei.
- Frau Schmidt tauschte sich im Vorfeld der Einschulung regelmäßig/intensiv mit den Kooperationslehrkräften aus.
- Frau Schmidt war bei den Lehrkräften der Schule als fachkompetente Gesprächspartnerin akzeptiert.

Wie flexibel reagiert die Fachkraft auf zeitliche, örtliche oder situative Veränderungen?

- Frau Schmidt plante gemeinsam mit der Kooperationslehrkraft Elternveranstaltungen und führte diese erfolgreich durch.
- Frau Schmidt machte regelmäßig die Kompetenzen von Externen (zum Beispiel Eltern/Großeltern, Künstler*innen, Handwerker*innen, Architekt*innen) für die Einrichtung nutzbar und beeinflusste dadurch die Bildungschancen der Kinder positiv.
- Frau Schmidt war aufgrund ihrer ausgeprägten Fähigkeit zur vertrauensvollen Zusammenarbeit als Partnerin sehr geschätzt und anerkannt.
- Frau Schmidt nahm regelmäßig an Kooperationstreffen teil und brachte sich engagiert ein.

3.3. Sonstiges Verhalten und soziale Kompetenzen

Hier werden Kompetenzen und Verhaltensweisen wie die Kommunikations-, Konflikt- und Kritikfähigkeit beurteilt, aber auch die Fähigkeit zur Selbstreflexion und Flexibilität der Fachkraft.

Kommunikationsfähigkeit

Kommunikationsfähigkeit bedeutet sowohl, gut zuhören zu können und die Botschaften anderer richtig zu interpretieren, als auch, sich unmissverständlich und differenziert mitteilen zu können. Ebenso zählt dazu die Bereitschaft und Fähigkeit zum offenen, wertschätzenden und feinfühligen Dialog.

- Frau Schmidt hörte ihren Gesprächspartner*innen aufmerksam zu und fand stets den richtigen/angemessenen Ton.
- Im Gespräch konnte sich Frau Schmidt in andere hineinversetzen und deren Perspektive einnehmen.
- Frau Schmidt drückte sich klar und verständlich aus.
- Frau Schmidt brachte auch schwierige/komplexe Sachverhalte sprachlich auf den Punkt.
- Frau Schmidt zeigte Dialogbereitschaft und ging sensibel auf ihr Gegenüber ein.
- Frau Schmidt argumentierte präzise und sachlich, schlüssig und nachvollziehbar.
- Frau Schmidt ging stets auf die Argumente anderer ein.
- Frau Schmidt kommunizierte immer so, dass sie verstanden wurde.
- Frau Schmidt konnte auch vor Gruppen sprachlich versiert auftreten.
- Frau Schmidt beherrschte die Methode des aktiven Zuhörens.

Kritik- und Konfliktfähigkeit

Kritik- und Konfliktfähigkeit setzen das Vermögen voraus, mit auftretenden Konflikten konstruktiv umzugehen, sie als Chance zur Verbesserung und Weiterentwicklung zu begreifen und nach Lösungen zu suchen, Kritik sachlich und annehmbar zu formulieren sowie auf konstruktive Kritik angemessen zu reagieren, sie gegebenenfalls anzunehmen und Verhaltensmodifikationen daraus abzuleiten.

- Frau Schmidt stand Kritik offen gegenüber und setzte sie konstruktiv um.
- Frau Schmidt konnte ihre Ansichten auch gegen den Widerstand anderer vertreten.
- Frau Schmidt bewältigte Konflikte konstruktiv.
- Frau Schmidt erkannte das Entwicklungspotenzial von Konflikten und begegnete ihnen offensiv.
- In Konfliktsituationen konnte Frau Schmidt die Sachebene von der Beziehungsebene gut trennen.
- Frau Schmidt bezog Kritik in Überlegungen und Entscheidungen mit ein.
- Frau Schmidt strebte Win-win-Situationen an.
- Frau Schmidt verband Kritik mit Anregungen für eine bessere Lösung.
- Frau Schmidt sah Konflikte als Chance zur Veränderung und Verbesserung.

Selbstreflexivität

Selbstreflexionsvermögen beschreibt die Fähigkeit, das eigene Denken, Fühlen und Handeln kritisch zu hinterfragen, als beteiligter Akteur einer Situation die Metaebene einzunehmen und aus dem Ergebnis dieses Prozesses Modifikationen für das eigene Verhalten und die Gestaltung der Situation abzuleiten.

- Frau Schmidt war sehr gut in der Lage, ihr pädagogisches Handeln im Rahmen von Teambesprechungen zu reflektieren.
- Frau Schmidt respektierte die Meinung anderer Menschen, auch wenn sie ihr nicht immer zustimmen konnte.
- Frau Schmidt war sich ihrer Stärken und Schwächen bewusst.
- Frau Schmidt bewertete das eigene Verhalten und veränderte es bei Bedarf.
- Frau Schmidt konnte das eigene Leistungsvermögen und ihre Grenzen gut einschätzen.
- Frau Schmidt hatte eine realistische Selbsteinschätzung.
- Frau Schmidt konnte die aus der Reflexion gewonnenen Erkenntnisse gut auf der Handlungsebene umsetzen.
- Frau Schmidt war in der Lage, sich und das eigene Verhalten auch in schwierigen Situationen zu hinterfragen und entsprechende Modifikationen vorzunehmen.

Fähigkeit zur Flexibilität

Flexibilität beschreibt die Fähigkeit, sich schnell und beweglich auf zeitliche, örtliche, situative und aufgabenbezogene Veränderungen einzustellen.

- Frau Schmidt kam auch in unvorhersehbaren Situationen sehr gut zurecht.
- Frau Schmidt konnte sich leicht auf neue Situationen einstellen.
- Frau Schmidt war offen für Neuerungen.
- Frau Schmidt suchte und fand neue Wege.
- Frau Schmidt war in Vertretungssituationen sehr gut in der Lage, sich auf die jeweiligen Gegebenheiten einzustellen.
- Frau Schmidt konnte auch mehrere (komplexe) Aufgaben parallel (qualitätvoll) bearbeiten.
- Frau Schmidt konnte sich sehr rasch in neue Aufgabenstellungen hineindenken.
- Frau Schmidt war sehr gut in der Lage, sich in kurzer Zeit auf neue Aufgaben einzustellen.
- Frau Schmidt konnte sich auf Situationen wie auf Personen sehr gut einstellen.

3.4. Zusammenfassende Beurteilung des Verhaltens

Wie bei der zusammenfassenden Leistungsbeurteilung, so sollte auch das Verhalten im Sinne einer zusammenfassenden Beschreibung in das Zeugnis aufgenommen werden. Zu beachten ist auch hier die hierarchische Rangfolge (Vorgesetzte/Mitarbeiter*innen). Insgesamt mangelhaftes oder ungenügend bewertetes Verhalten sollte durch eine Weglassung zum Ausdruck gebracht werden. Ansonsten können Sie sich an der nachfolgenden Skalierung orientieren:

Bewertung: „Positiv optimal" (Notenbereich 1,0–2,4)

- Das Verhalten zu Vorgesetzten, Mitarbeiter*innen und Kolleg*innen war stets vorbildlich.
- Das Verhalten zu Vorgesetzten, Mitarbeiter*innen und Kolleg*innen war immer einwandfrei.
- Ihr kollegiales Wesen sicherte ihr stets ein sehr gutes Arbeitsverhältnis zu Vorgesetzten und Mitarbeiter*innen.
- Ihre Führung war immer vorbildlich.
- Bei Vorgesetzten und Kolleg*innen war sie sehr geschätzt.
- Das Verhalten zu Vorgesetzten, Mitarbeiter*innen und Kolleg*innen war vorbildlich.
- Das Verhalten zu Vorgesetzten, Mitarbeiter*innen und Kolleg*innen war einwandfrei.
- Ihr kollegiales Wesen sicherte ihr stets ein gutes Arbeitsverhältnis zu Vorgesetzten und Mitarbeiter*innen.

Bewertung: „Positiv mit Einschränkungen" (Notenbereich 2,5–3,0)

- Das Verhalten zu Vorgesetzten, Mitarbeiter*innen und Kolleg*innen war überwiegend gut.
- Ihr Verhalten gegenüber Kolleg*innen und Vorgesetzten war einwandfrei.
- Sie verhielt sich gegenüber Kolleg*innen und Vorgesetzten stets korrekt und fügte sich gut in das Team ein.
- Ihre Führung war problemlos.
- Sie war eine geschätzte Mitarbeiterin, die sich gut in das Team einfügte.
- Sie war bei Vorgesetzten und Kolleg*innen gleichermaßen aufgrund ihres freundlichen Wesens beliebt.

Bei der zusammenfassenden Beurteilung des Verhaltens in einem Zeugnis sollten Bewertungen, die schlechter als „befriedigend" sind, nicht erwähnt werden (Nullstellen).

4. Schlussformeln

4.1 Beendigungsformeln

- Das Arbeitsverhältnis wurde einvernehmlich gelöst.
- Das Arbeitsverhältnis endet durch Zeitablauf.
- Frau Schmidt ist auf eigenen Wunsch aus dem (städtischen) Dienst ausgeschieden.
- Das Arbeitsverhältnis endet mit Ablauf des Monats ... innerhalb der Probezeit.
- Das Zwischenzeugnis wurde auf Wunsch von Frau Schmidt für Bewerbungszwecke ausgestellt.

4.2. Dankes-Bedauern-Formel mit Zukunftswünschen

- Frau Schmidt verlässt uns auf eigenen Wunsch. Wir bedauern dies sehr und danken ihr für ihre überaus wertvolle Mitarbeit.
- Frau Schmidt verlässt uns auf eigenen Wunsch. Wir bedauern ihr Ausscheiden sehr und wünschen ihr für die Zukunft weiterhin alles Gute.
- Aufgrund ihrer Verdienste können wir Frau Schmidt jederzeit empfehlen. Für ihren zukünftigen Berufs- und Lebensweg wünschen wir ihr weiterhin viel Erfolg.
- Mit Frau Schmidt verlässt uns eine wertvolle und hoch qualifizierte Mitarbeiterin, die wir jederzeit gerne wieder beschäftigen würden.
- Wir bedauern das Ausscheiden von Frau Schmidt sehr, denn wir verlieren mit ihr eine unserer besten Mitarbeiter*innen.
- Wir bedauern den Weggang von Frau Schmidt sehr und würden uns freuen, wenn sie sich im Anschluss an die weiterführende Ausbildung wieder bei uns bewerben würde.
- Wir verlieren mit Frau Schmidt eine ausgezeichnete Mitarbeiterin, der wir gerne weitere Entwicklungschancen geboten hätten. Wir sind davon überzeugt, dass sie weiterhin erfolgreich ihren Weg im Berufsleben gehen wird, und wünschen ihr dafür alles Gute.
- Wir wünschen Frau Schmidt, dass es ihr in ihrem neuen Wirkungskreis gelingen möge, in gleicher Weise Hervorragendes zu leisten, und wünschen ihr darüber hinaus für die Zukunft alles Gute.

Zukunftswünsche mit Kritik

- Wir wünschen Frau Schmidt für ihre neuen Aufgaben viel Glück.
- Wir wünschen Frau Schmidt, dass sie sich in ihrem neuen Aufgabengebiet voll entfalten und ihre Fähigkeiten einbringen kann.
- Frau Schmidt verlässt uns aus persönlichen Gründen auf eigenen Wunsch. Wir bedauern die Umstände ihres Ausscheidens. Unsere besten Wünsche begleiten sie.
- Frau Schmidt verlässt uns auf eigenen Wunsch.
- Wir wünschen Frau Schmidt für die Zukunft alles erdenklich Gute.
- Für die Mitarbeit von Frau Schmidt bedanken wir uns.
- Wir wünschen Frau Schmidt für die Zukunft alles Gute, auch Erfolg.
- Wir wünschen Frau Schmidt für ihren weiteren Weg in einer anderen Einrichtung viel Erfolg.

4.3. Verständnisaussagen

- Wir haben Verständnis für die Entscheidung von Frau Schmidt, da wir ihr zurzeit kein Vollzeitarbeitsverhältnis, sondern leider nur eine Teilzeitbeschäftigung bieten können.
- Wir bedauern das Ausscheiden von Frau Schmidt sehr. Zugleich haben wir aber volles Verständnis für ihre weiteren Ausbildungs- und Berufspläne.
- Wir verlieren mit Frau Schmidt eine erfahrene Fachkraft, verstehen aber, dass sie im Rahmen ihrer beruflichen Entwicklung Aufgaben mit mehr Verantwortung übernehmen möchte.
- Wir bedauern das Ausscheiden von Frau Schmidt, haben aber volles Verständnis für ihre Entscheidung, ein neues, umfassenderes Aufgabengebiet zu übernehmen.
- Frau Schmidt verlässt uns auf eigenen Wunsch, um an anderer Stelle eine verantwortungsvollere Aufgabe zu übernehmen, die wir ihr leider zurzeit nicht bieten können. Wir bedauern ihr Ausscheiden, weil wir mit ihr eine sehr engagierte Kraft mit hoher fachlicher Kompetenz verlieren, haben aber Verständnis für ihre Beweggründe.
- Wir wünschen Frau Schmidt für die anschließende Berufsausbildung alles Gute. Wir sind überzeugt, dass sie die richtige Wahl getroffen hat, und würden uns freuen, sie als zukünftige Mitarbeiterin wieder begrüßen zu dürfen.

III. Praktikant*innen und Auszubildende beurteilen

1. Aufgabenbeschreibung

Am Ende einer Ausbildung wird in der Regel ein Abschlusszeugnis erstellt. Es dient erstens als wesentliche Entscheidungsgrundlage für eine Weiterbeschäftigung beim Träger, zweitens wird von den Fachschulen eine Aussage über die erbrachten Leistungen erwartet, um zu überprüfen, ob die Ausbildungsziele erreicht wurden. Denn davon hängt die Erteilung der staatlichen Anerkennung ab. Die beurteilungsrelevanten Aufgaben und die qualitativen Anforderungen ergeben sich sowohl aus den Ausbildungsrichtlinien der Fachschulen als auch aus den Aufgabenbeschreibungen und Qualitätsstandards des Anstellungsträgers. Beides muss als Grundlage berücksichtigt und idealerweise miteinander in Verbindung gebracht werden. Dass diese Verknüpfung teilweise Mühe bereitet, liegt daran, dass die konzeptionellen Vorgaben, zum Beispiel vorgegebene Handlungskonzepte, der verschiedenen Träger nicht immer mit der inhaltlichen Ausrichtung und der Philosophie der Fachschulen übereinstimmen.

Umso wichtiger ist es, dass die Aufgaben, die von den Anerkennungspraktikant*innen oder Auszubildenden erbrachten werden sollen, eindeutig formuliert sind. Die damit in Verbindung stehenden Qualitätsstandards sollten klar beschrieben und transparent sein. Denn allgemeingültige Aufgaben und Anforderungen sind nur dann sinnvoll, wenn sie den Personen, die sie erfüllen sollen, auch bekannt sind. Stellen Sie also sicher, dass alle Beteiligten wissen, auf welchen Grundlagen die Ausbildung und die abschließende Zeugniserstellung erfolgt.

Innerhalb einer Fachschule allgemeingültige Grundlagen zu beschreiben, ist noch relativ einfach. An alle Schüler*innen einer Schule werden dieselben Anforderungen gestellt und somit ist eine Gerechtigkeit und auch Vergleichbarkeit sichergestellt.

Auf der Trägerseite kann das schon problematischer sein. Denn jeder Träger hat eigene konzeptionelle Vorstellungen und Vorgaben und die pädagogische Arbeit basiert auf einem bestimmten Handlungskonzept. Damit ist jedoch noch keine Garantie verbunden, dass diese Vorgaben auch in allen dem Träger angehörenden Einrichtungen in gleicher Verbindlichkeit, Quantität und Qualität umgesetzt werden. Bei einem Träger, der eine größere Anzahl von Einrichtungen betreibt, steigt das Risiko, dass sich Einrichtungen verselbstständigen, die pädagogischen Trägervorgaben unterschiedlich ausgelegt werden und demnach nicht vergleichbare Aufgaben und insbesondere qualitative Anforderungen formuliert werden. Deshalb sind Träger gut beraten, für alle Einrichtungen ihres Verantwortungsbereiches einheitliche Vorgaben für die Anleitung und insbesondere für die Beurteilung zu entwickeln und dafür Sorge zu tragen, dass danach – so gut es geht – verfahren wird. Denn nur so kann ein annähernd vergleichbares Ausbildungsniveau sichergestellt werden.

Für die Erstellung von Beurteilungen und Zeugnissen sind demnach drei Grundlagen erforderlich:

1. Eine eindeutige Aufgabenbeschreibung, die sagt, welche Aufgaben wahrgenommen werden sollen.
2. Eine Definition, wann welche Aufgaben in welcher Qualität zu erfüllen sind. In der Regel wird dies in einem Ausbildungsplan beziehungsweise -kontrakt erfasst.
3. Eine klare Maßgabe und eine transparente Zeitschiene, wann welche Aspekte zur fachlichen Beurteilung anstehen.

Personale Kompetenzen

- Anpassungsfähigkeit
- Auftreten
- Ausdauer
- Authentizität
- Bodenständigkeit
- Durchsetzungsvermögen
- Eigenverantwortung
- Entscheidungs- und Entschlussfähigkeit
- Flexibilität
- Frustrationstoleranz
- Initiative
- Konzentrationsfähigkeit
- Kreativität
- Leistungsbereitschaft
- Lernbereitschaft
- Logisches Denken
- Reflexionsfähigkeit
- Selbstvertrauen
- Sorgfalt
- Verantwortungsbereitschaft
- Verbale Ausdrucksfähigkeit
- Zielorientierung

Soziale Kompetenzen

- Einfühlungsvermögen
- Freundlichkeit
- Hilfsbereitschaft
- Identifikationsbereitschaft
- Interkulturelle Kompetenz
- Kommunikationsfähigkeit
- Konfliktlösungsfähigkeit
- Kontaktfähigkeit
- Kooperationsfähigkeit
- Kritikfähigkeit
- Motivation
- Teamfähigkeit
- Toleranz
- Umgangsformen
- Verhandlungsfähigkeit
- Zuverlässigkeit

2. Kompetenzanforderungen an Praktikant*innen (AP) und Auszubildende (PiA)

2.1. Beurteilungsraster für Praktikant*innen und Auszubildende

Die im Kasten links aufgelisteten Kompetenzen bieten eine solide Grundlage für die Entwicklung eines für Ihre Situation passenden Beurteilungsbogens. Hierzu wählen Sie diejenigen Aspekte aus, die für Ihren Arbeitsbereich relevant sind, und fügen diese in das Raster unter der zutreffenden Rubrik ein. Das nachfolgendes Beispiel soll Ihnen als Anregung dienen:

Beurteilung der Kompetenzen für ______________________

	trifft fast immer zu (90 %)	trifft überwiegend zu (70 %)	trifft in der Regel zu (50 %)	trifft eher weniger zu (30 %)	trifft überwiegend nicht zu (10 %)	ohne Bewertung
Fachkompetenz						
Pädagogische Kompetenzen						
• Zeigt Verständnis für die Belange der Kinder	☐	☐	☐	☐	☐	☐
• Kann sich auf die Individualität des Kindes einstellen	☐	☐	☐	☐	☐	☐
• Hat eine wertschätzende Einstellung zum Kind, begegnet den Kindern vorurteilsfrei	☐	☐	☐	☐	☐	☐
• Nimmt Kinder ganzheitlich wahr	☐	☐	☐	☐	☐	☐
• Kann Kinder in ihren Interessen, Leidenschaften, Themen einschätzen	☐	☐	☐	☐	☐	☐
• Nimmt offensichtliche Entwicklungs- und Verhaltensauffälligkeiten wahr	☐	☐	☐	☐	☐	☐
• Zeigt freundliches und partnerschaftliches Verhalten gegenüber dem Kind	☐	☐	☐	☐	☐	☐
• Greift Interessen und Bedürfnisse der Kinder auf	☐	☐	☐	☐	☐	☐
Planungsfähigkeit						
• Kennt die zur Verfügung stehenden Gestaltungs- und Spielmaterialien, bietet sie den Kindern an und kann sie sachgemäß handhaben	☐	☐	☐	☐	☐	☐
• Plant nach Absprache und Beratung Angebote aus verschiedenen Bereichen und führt sie durch	☐	☐	☐	☐	☐	☐
• Berücksichtigt in der Planung von Aktivitäten und pädagogischen Handlungen die Lebensumwelt und -situation der Kinder	☐	☐	☐	☐	☐	☐
Schriftliche Ausdrucksfähigkeit						
• Kann sich Eltern und Kolleg*innen angemessen schriftlich mitteilen	☐	☐	☐	☐	☐	☐
• Formuliert Texte weitgehend fehlerfrei	☐	☐	☐	☐	☐	☐
• Dokumentiert Inhalte in strukturierter Form	☐	☐	☐	☐	☐	☐
• Bereitet Aktivitäten angemessen schriftlich vor und nach	☐	☐	☐	☐	☐	☐
• Fertigt Dokmentationen in angemessener Qualität	☐	☐	☐	☐	☐	☐
Besondere Fähigkeiten						
______________________						
______________________						
Personalkompetenz						
Wahrnehmungsfähigkeit						
• Nimmt die Individualität eines Kindes wahr	☐	☐	☐	☐	☐	☐
• Verfügt über Sensibilität für Situationen, Stimmungen, Personen	☐	☐	☐	☐	☐	☐
• Nimmt Bedürfnisse, Interessen und unterschiedliche Entwicklungen eines Kindes wahr	☐	☐	☐	☐	☐	☐
• Kann Situationen, Personen, Vorgänge objektiv erfassen und einschätzen	☐	☐	☐	☐	☐	☐

Beurteilung der Kompetenzen für ______________________

	trifft fast immer zu (90 %)	trifft überwiegend zu (70 %)	trifft in der Regel zu (50 %)	trifft eher weniger zu (30 %)	trifft überwiegend nicht zu (10 %)	ohne Bewertung
• Analysiert Situation differenziert	☐	☐	☐	☐	☐	☐
• Nimmt situative Erfordernisse wahr und reagiert angemessen darauf	☐	☐	☐	☐	☐	☐
• Besitzt Einfühlungsvermögen und zeigt Empathie	☐	☐	☐	☐	☐	☐
Verantwortungsbewusstsein						
• Kann selbstständig und verantwortungsbewusst Aufgaben übernehmen	☐	☐	☐	☐	☐	☐
• Übernimmt die Aufsicht über einzelne Kinder und Gruppen	☐	☐	☐	☐	☐	☐
• Kann Gefahrensituationen erkennen und angemessen reagieren	☐	☐	☐	☐	☐	☐
• Erkennt die eigenen Grenzen	☐	☐	☐	☐	☐	☐
• Hält Absprachen und Vereinbarungen ein	☐	☐	☐	☐	☐	☐
• Ist zuverlässig und pünktlich	☐	☐	☐	☐	☐	☐
Sprachliche Fähigkeiten						
• Verfügt über eine klare Aussprache	☐	☐	☐	☐	☐	☐
• Ist für die Kinder ein sprachliches Vorbild	☐	☐	☐	☐	☐	☐
• Findet unter Berücksichtigung des jeweiligen Entwicklungsstands des Kindes die angemessene sprachliche Ausdrucksweise	☐	☐	☐	☐	☐	☐
• Motiviert die Kinder zu sprachlichen Äußerungen	☐	☐	☐	☐	☐	☐
• Drückt sich klar und verständlich aus	☐	☐	☐	☐	☐	☐
• Kommuniziert angemessen und situationsgerecht	☐	☐	☐	☐	☐	☐
• Kann komplexe Sachverhalte angemessen versprachlichen	☐	☐	☐	☐	☐	☐
• Kann Fragen adäquat beantworten	☐	☐	☐	☐	☐	☐
• Findet angemessene sprachliche Mittel zur Durchsetzung notwendiger Anforderungen	☐	☐	☐	☐	☐	☐
Engagement						
• Zeigt Interesse an der Arbeit, am Beruf	☐	☐	☐	☐	☐	☐
• Zeigt Lernbereitschaft	☐	☐	☐	☐	☐	☐
• Bietet Mitarbeit und Mithilfe an	☐	☐	☐	☐	☐	☐
• Hat ein angemessenes Selbstmanagement	☐	☐	☐	☐	☐	☐
• Ergreift die Initiative bei anstehenden Aufgaben	☐	☐	☐	☐	☐	☐
• Zeigt Eigenmotivation	☐	☐	☐	☐	☐	☐
• Holt Informationen ein	☐	☐	☐	☐	☐	☐
• Handelt zielorientiert	☐	☐	☐	☐	☐	☐
• Verhält sich kooperativ	☐	☐	☐	☐	☐	☐
Kreativität						
• Gestaltet Spielräume	☐	☐	☐	☐	☐	☐
• Stellt angemessenes Material zur Verfügung	☐	☐	☐	☐	☐	☐
• Bringt eigene Gestaltungsideen ein	☐	☐	☐	☐	☐	☐
• Hat Visionen	☐	☐	☐	☐	☐	☐
• Ist offen für Innovationen	☐	☐	☐	☐	☐	☐
• Sieht in Veränderungen Chancen zur Entwicklung	☐	☐	☐	☐	☐	☐
• Verfügt über Realisierungsvermögen	☐	☐	☐	☐	☐	☐
Belastbarkeit						
• Zeigt Belastbarkeit	☐	☐	☐	☐	☐	☐
• Ist auch in Zeiten besonderer Beanspruchung stabil	☐	☐	☐	☐	☐	☐

Beurteilung der Kompetenzen für ______________________________

	trifft fast immer zu (90 %)	trifft überwiegend zu (70 %)	trifft in der Regel zu (50 %)	trifft eher weniger zu (30 %)	trifft überwiegend nicht zu (10 %)	ohne Bewertung
• Verfügt über Ausdauer	☐	☐	☐	☐	☐	☐
• Kann auch unter Belastung durchhalten	☐	☐	☐	☐	☐	☐
• Geht mit Druck, Widerständen, Störungen konstruktiv um	☐	☐	☐	☐	☐	☐
Sozialkompetenz						
Kontaktfähigkeit						
• Lässt sich auf Kinder ein, geht auf sie zu	☐	☐	☐	☐	☐	☐
• Zeigt sich Kindern gegenüber aufgeschlossen und liebevoll	☐	☐	☐	☐	☐	☐
• Kann tragfähige Arbeitsbeziehungen zu den Kindern aufbauen und pflegen	☐	☐	☐	☐	☐	☐
• Geht Beziehungen mit Kindern ein, die auf Wertschätzung und Anerkennung basieren	☐	☐	☐	☐	☐	☐
• Reflektiert die Kontakte zu den Kindern und ist vorteilsbewusst	☐	☐	☐	☐	☐	☐
• Fordert Kinder zu Aktivitäten und Spielen auf	☐	☐	☐	☐	☐	☐
• Drückt dem Kind gegenüber Wertschätzung aus	☐	☐	☐	☐	☐	☐
Kooperationsfähigkeit						
• Begegnet anderen Mitarbeiter*innen mit Offenheit und Respekt	☐	☐	☐	☐	☐	☐
• Kann sich anderen gegenüber verständlich machen, formuliert eigene Vorstellungen und Bedürfnisse angemessen	☐	☐	☐	☐	☐	☐
• Kann Absprachen treffen und einhalten	☐	☐	☐	☐	☐	☐
• Erkennt, wann Mithilfe und Unterstützung nötig ist	☐	☐	☐	☐	☐	☐
• Kann zuhören	☐	☐	☐	☐	☐	☐
• Zeigt Bereitschaft, mit anderen Mitarbeiter*innen zusammenzuarbeiten	☐	☐	☐	☐	☐	☐
• Trägt gemeinsame Vorhaben verbindlich mit	☐	☐	☐	☐	☐	☐
• Arbeitet eng mit der/dem Anleiter*in zusammen und spricht sich mit ihr/ihm ab	☐	☐	☐	☐	☐	☐
• Gibt Kolleg*innen der Gruppe die nötigen Informationen weiter und trifft Absprachen	☐	☐	☐	☐	☐	☐
• Beteiligt sich an Gruppenaktivitäten	☐	☐	☐	☐	☐	☐
Reflexions- und Kritikfähigkeit						
• Kann eigenes Handeln und Verhalten kritisch wahrnehmen und reflektieren	☐	☐	☐	☐	☐	☐
• Nimmt Kritik an und bemüht sich um Änderung	☐	☐	☐	☐	☐	☐
• Kann eigene Standpunkte sachlich vertreten	☐	☐	☐	☐	☐	☐
• Übt konstruktive Kritik	☐	☐	☐	☐	☐	☐
Instrumentelle Kompetenz						
• Verfügt über Methodenvielfalt	☐	☐	☐	☐	☐	☐
• Beachtet methodischen Aufbau	☐	☐	☐	☐	☐	☐
• Wendet didaktische Prinzipien angemessen an	☐	☐	☐	☐	☐	☐
• Wählt angemessene Methoden für Aktivitäten	☐	☐	☐	☐	☐	☐
• Setzt kompetent Materialien ein, die der Situation angemessen sind	☐	☐	☐	☐	☐	☐

Beurteilung der Leistungen und der beruflichen Eignung

Beurteilung in Worten:

Beurteilung in Noten

in Ziffern: ______________________

in Worten: ______________________

Anmerkungen

Ort Datum Name Unterschrift

IV. Muster, Codes und Checklisten

1. Zeugnismuster

1.1. Muster für ein sehr gutes bis gutes Zeugnis

„Die pädagogische Arbeit basiert auf dem Handlungskonzept von infans. Dabei werden den Themen Sprache und inklusive Bildung eine besondere Bedeutung beigemessen. In den städtischen Tageseinrichtungen werden die Kinder nach dem Berliner Modell eingewöhnt.

Zu Frau Schmidts Aufgaben gehörten die Planung und Durchführung der pädagogischen Arbeit, pflegerische und hauswirtschaftliche Tätigkeiten, die Zusammenarbeit mit den Eltern, Kooperationsaufgaben sowie organisatorische und verwaltungstechnische Aufgaben. Bei der Erfüllung ihrer Aufgaben wurde Frau Schmidt von einer Zweitfachkraft unterstützt, deren Anleitung ihr oblag.

*Frau Schmidt zeigte stets eine hohe Leistungsbereitschaft und vorbildliche Pflichtauffassung. Sie verfügte über ein sehr gutes analytisch-konzeptionelles und zugleich pragmatisches Denk- und Urteilsvermögen. Frau Schmidt konnte ihr fachliches Wissen sehr wirkungsvoll an andere Mitarbeiter*innen weitergeben. Frau Schmidt hatte einen fachlich klaren Standpunkt, den sie differenziert und überzeugend darstellen konnte. Aufgrund ihrer systematischen Arbeitsweise und* *ihrer großen beruflichen Erfahrung war Frau Schmidt stets in der Lage, auch neuen und außergewöhnlichen Situationen souverän zu begegnen und erreichte dabei eine überdurchschnittliche Arbeitsqualität und ausgezeichnete Leistungen. Sie ging sensibel auf die Wünsche der neuen Kinder in Bezug auf Nähe und Distanz ein und achtete mit gutem Erfolg auf eine Ausgewogenheit zwischen allgemeiner und individueller Entwicklungsförderung der Kinder. Frau Schmidt thematisierte mit den Kindern offen die Unterschiede, Gemeinsamkeiten und Widersprüche der in der Kita vertretenen Kulturen/Religionen/Lebenskonzepte.*

*Frau Schmidt erfasste durch systematische und zielgerichtete Beobachtungen, welche Interessen, Fragen, Probleme beziehungsweise welches aktuelle „Lebensthema" die Kinder beschäftigte, und setzte mit ihren Projektvorschlägen dort an. Ihre Projektziele differenzierte sie entsprechend den Entwicklungsaufgaben jüngerer und älterer Kinder und der Kinder mit besonderen Bedürfnissen. Frau Schmidt informierte die Eltern regelmäßig über den Entwicklungsstand und die Entwicklungsfortschritte ihrer Kinder und konnte dabei auch die Systematik und Wertigkeit der pädagogischen Arbeit in der Kita transparent machen. Bei der Anleitung von Mitarbeiter*innen und Praktikant*innen zeigte Frau Schmidt viel Sachverstand, Einfühlungsvermögen und Ideenreichtum. Wir waren mit ihren Leistungen in jeder Hinsicht außerordentlich zufrieden.*

*Das Verhalten von Frau Schmidt gegenüber Vorgesetzten, Mitarbeiter*innen und Kolleg*innen war stets vorbildlich. Frau Schmidt pflegte eine enge, partnerschaftliche Zusammenarbeit mit ihren Mitarbeiter*innen und beteiligte diese an Entscheidungen. Mit den Kooperationspartner*innen konnte sie eine tragfähige und vertrauensvolle Arbeitsebene herstellen.*

Frau Schmidt stand Kritik offen gegenüber, formulierte diese souverän und setzte sie konstruktiv um. Sie war gut in der Lage, sich und das eigene Verhalten auch in schwierigen Situationen zu hinterfragen und entsprechende Modifikationen vorzunehmen.

*Das Verhalten zu Vorgesetzten, Mitarbeiter*innen und Kolleg*innen war stets vorbildlich. Frau Schmidt verlässt uns auf eigenen Wunsch. Wir bedauern dies sehr und danken ihr für ihre überaus wertvolle Mitarbeit. Wir würden uns freuen, Frau Schmidt zu einem späteren Zeitpunkt wieder als Mitarbeiterin begrüßen zu dürfen, und können sie sehr empfehlen. Wir wünschen Frau Schmidt für die Zukunft alles Gute und weiterhin viel Erfolg."*

1.2. Beurteilung befriedigender bis ausreichender Leistungen

Gerade bei eher schlechten Zeugnissen rate ich Ihnen dringend, nicht auf Muster zurückzugreifen. Sie müssen im individuellen Fall prüfen, welche Formulierungen für die betreffende Person gerecht und zutreffend sind – und ob Sie, im Falle eines Rechtstreits, auch nachweisen können, dass die Leistungen des/der Beurteilten unterdurchschnittlich waren. Aus diesem Grund teile ich hier kein allgemeingültiges Muster mit Ihnen, sondern ein anonymisiertes Beispiel aus der Praxis. In meinen Kommentaren weise ich auf die Textstellen hin, die auf eine eher befriedigende Leistung der Mitarbeiter*in schließen lassen (siehe S. 57).

Dienstzeugnis

Frau Michaela Schmidt war vom 1.9.2017 bis 31.8.2021 im Kindergarten „Auf der Heide" als Erzieherin beschäftigt. Vom 1.9.2018 bis zu ihrem Austritt hatte sie die Funktion der stellvertretenden Einrichtungsleitung inne. Im Kindergarten „Auf der Heide" wurden bis zu 50 Kinder im Alter von 3 bis 6 Jahren betreut und gefördert. Die Schwerpunkte des teiloffenen Konzeptes der Einrichtung lagen in den Themenfeldern „Kreative Vielfalt, Kunst und Kultur" sowie „Inklusion".

Frau Schmidt war im Rahmen der altershomogenen Gruppenarbeit als Bezugserzieherin für die Betreuung und Förderung von bis zu 12 Kindern zuständig.

Ihre Aufgaben waren hierbei hauptsächlich:

- Förderung der individuellen kognitiven, motorischen und sprachlichen Entwicklung sowie der sozialen Kompetenz der Kinder entsprechend den Vorgaben des Orientierungsplans
- Vorbereitung, Durchführung und Auswertung kindgerechter pädagogischer Angebote und Projekte
- Eingewöhnung der Kinder
- Beobachtung der Entwicklung und Erstellung von Entwicklungsberichten
- Vorbereitung und Durchführung von Entwicklungsgesprächen
- Mitwirkung bei Kooperationen mit Eltern, Schulen, externen Institutionen
- Mitarbeit an der konzeptionellen Weiterentwicklung
- Mitarbeit im Qualitätsmanagement entsprechend dem Nationalen Kriterienkatalog
- Aktive Teilnahme an Teambesprechungen
- Anleitung von Praktikant*innen/Auszubildenden
- Verwaltungsaufgaben

Frau Schmidt zeigte stets Eigeninitiative, Fleiß und große Sorgfalt im Kindergartenalltag. Im Laufe ihrer beruflichen Laufbahn hat sie sich eine gute Fachkompetenz angeeignet. Sie erledigte ihre Aufgaben zuverlässig und verantwortungsbewusst. Frau Schmidt besuchte regelmäßig und erfolgreich Fortbildungsveranstaltungen, um ihre Stärken auszubauen und ihre guten Fachkenntnisse zu erweitern. Ihr Wissen und Können brachte sie gewinnbringend in ihre Arbeit ein.

Ihre schnelle Auffassungsgabe ermöglichte es ihr, sowohl neue als auch schwierige Situationen rasch zu überblicken und das Wesentliche zu erkennen. Auch in Zeiten hoher Belastung handelte Frau Schmidt überlegt.

Ihre große Stärke lag im empathischen Umgang mit den Kindern. Durch ihre gute Beobachtungsgabe konnte Frau Schmidt Rückschlüsse auf die individuellen Bedürfnisse und den Entwicklungsstand der Kinder ziehen und ging einfühlsam und professionell darauf ein. Ihre pädagogischen Ansätze waren gut durchdacht und fachlich fundiert. Frau Schmidt hatte einen liebevollen und wertschätzenden Umgang mit den Kindern und konnte so zu ihnen eine tragfähige Beziehung aufbauen. Auch mit den Eltern gelang es ihr, eine vertrauensvolle Zusammenarbeit herzustellen.

Von Vorgesetzten und Kolleginnen wurde Frau Schmidt als freundliche und hilfsbereite Mitarbeiterin gleichermaßen geschätzt. Ihr persönliches Verhalten war einwandfrei. Sie erfüllte die ihr übertragenen Aufgaben zu unserer vollen Zufriedenheit.

Frau Schmidt verlässt uns auf eigenen Wunsch, um sich neuen beruflichen Herausforderungen zu stellen. Wir danken ihr für die Zusammenarbeit und wünschen ihr auf ihren zukünftigen Berufs- und Lebensweg alles Gute und weiterhin Erfolg.

„Zeigte" deutet nicht auf viel Eigeninitiative hin. Besser wäre „stellte unter Beweis". „Fleiß" ist allein stehend nicht grundsätzlich positiv interpretierbar. Besser „Engagement" oder „Einsatzbereitschaft". „Große Sorgfalt" könnte auch für übertriebene Genauigkeit oder Kleinkariertheit stehen. Besser: „Verlässlichkeit", „Pünktlichkeit" oder „Genauigkeit".

„Im Laufe" ist überflüssig, weil völlig üblich. Die Formulierung kann als negierend interpretiert werden im Sinne von „langsamem, mühsamem Lernen".

Fortbildungen werden nicht „erfolgreich besucht", sondern „absolviert". Der Erfolg zeigt sich im Transfer in die pädagogische Praxis. Der Begriff „regelmäßig" könnte auch auf einen „Fortbildungstourismus" hindeuten.

Das ist kein seriöses Motiv, sondern wäre egoistisch. Fortbildungen dienen der Qualitätssicherung und Weiterentwicklung im Sinne des dienstlichen Auftrags der Einrichtung.

Was unter „pädagogische Ansätze" zu verstehen ist, ist unklar.

Warum wird „persönlich" so hervorgehoben? Irritierend und überflüssig. „Einwandfrei" ist eine negative Formulierung und sollte, wenn kein Interpretationsspielraum gegeben werden soll, mit konkreten Verhaltensweisen beschrieben werden.

Wenn Frau Schmidt Praktikant*innen/Auszubildende anleitet, ist sie in Vorgesetztenfunktion. Hier müsste, wenn Positives ausgedrückt werden soll, die Rangfolge „Vorgesetzten, Mitarbeiter*innen und Kolleg*innen" beachtet werden. Ansonsten kann interpretiert werden

Frau Schmidt hat offensichtlich nur die in ihrem Verantwortungsbereich liegenden Aufgaben zufriedenstellend erfüllt, sich aber nicht auch für das Ganze mitverantwortlich gefühlt.

Hier fehlt ein Attribut wie „gute", „vertrauensvolle", „erfolgreiche" – offensichtlich war das so nicht der Fall.

Offensichtlich hielt sich der Erfolg in Grenzen, da ein entsprechendes qualifizierendes Attribut fehlt.

Fazit

Auffällig an diesem Zeugnis ist, dass wesentliche Beschreibungen zu Funktionen und Aufgaben fehlen. Dies kann als Weglassung oder Nullstelle interpretiert werden und darauf hinweisen, dass die Leistungen weniger als befriedigend waren und somit nur noch bedingt oder nicht mehr formulierbar sind, ohne das Risiko der Anfechtbarkeit einzugehen.

Dies sind:

- stellvertretende Einrichtungsleitung
- Themenschwerpunkt „Kreative Vielfalt, Kunst und Kultur" sowie „Inklusion"
- Vorbereitung und Durchführung von Entwicklungsgesprächen
- Mitwirkung bei Kooperationen mit Schulen, externen Institutionen
- Mitarbeit an der konzeptionellen Weiterentwicklung
- Mitarbeit im Qualitätsmanagement entsprechend dem Nationalen Kriterienkatalog
  - Aktive Teilnahme an Teambesprechungen
  - Anleitung von Praktikant*innen/Auszubildenden
  - Verwaltungsaufgaben

Somit verschweigt das Zeugnis mehr, als es aussagt. Im Wesentlichen wird die positive Beziehungsgestaltung mit den Kindern, die zweifelsfrei bedeutsam ist, in den Mittelpunkt gestellt und persönliche Verhaltensmerkmale beschrieben. Doch dies allein gibt Zeugnisleser*innen noch nicht die Möglichkeit, die Leistung und das Verhalten im dienstlichen Kontext umfassend zu verstehen.

Das vorliegende Zeugnis vermittelt auf den ersten Blick einen eher positiven Eindruck. Auf den zweiten Blick – insbesondere dann, wenn auf die Weglassungen geachtet und der gebotene Interpretationsspielraum genutzt wird – ergibt sich ein anderes Bild, das in Richtung befriedigend (und stellenweise wahrscheinlich noch negativer) hinweist.

Die zusammenfassende Zufriedenheitsaussage „zu unserer vollen Zufriedenheit" ist demnach passend.

2. Zeugniscodes und ihre Bedeutung

Um der grundsätzlichen Verpflichtung nachzukommen, wohlwollend zu formulieren, haben Arbeitgeber eine eigenständige Zeugnissprache, eine Art „Geheimcode" entwickelt und etabliert (Beispiele s. Kasten). Dieser macht es möglich, auch ohne explizit negative Aussagen die Arbeitnehmer*innen entsprechend zu beurteilen. Ich möchte Sie nicht ermuntern, sich dieser Codes zu bedienen, denn sie halten einer rechtlichen Prüfung nicht stand. Vielmehr möchte ich Sie dafür sensibilisieren, nicht unbeabsichtigt eine Formulierung zu wählen, die nicht das ausdrückt, was Ihr Anliegen ist.

Wichtig zu wissen ist auch, dass die Kodierungen im Laufe der Zeit Bekanntheit erlangten und so nachvollziehbar ist, was mit ihnen ausgedrückt werden soll. Deshalb ist das Risiko relativ hoch, dass sich Zeugnisnehmer*innen dagegen wehren und im Fall der Fälle recht erhalten.

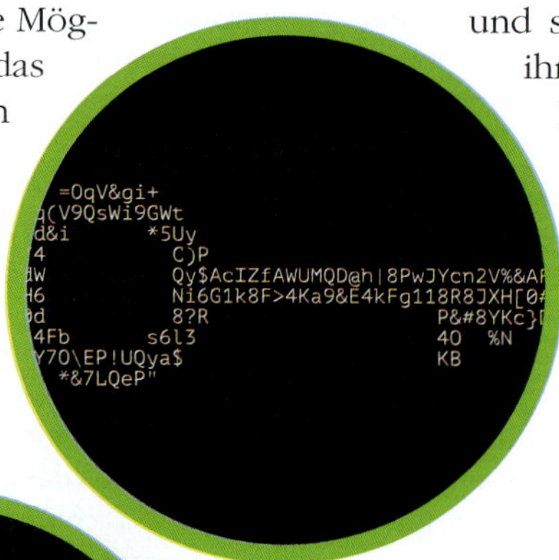

Achtung Code: Prüfen Sie Ihre Formulierungen auf unbeabsichtigt verschlüsselte Botschaften.

Zeugniscodes und ihre Bedeutung

Was geschrieben wird	Was gemeint ist
Sie war tüchtig und wusste sich gut zu verkaufen.	Sie war eine unangenehme Mitarbeiterin, der es an Kooperationsbereitschaft mangelte.
Mit ihren Vorgesetzten kam sie gut zurecht.	Sie war eine Mitläuferin und Ja-Sagerin.
Im Kreis der Kolleg*innen galt sie als tolerante Mitarbeiterin.	Sie war nicht kooperativ und für Vorgesetzte ein „schwerer Brocken".
Sie zeigte ausgeprägten Gerechtigkeitssinn.	Sie war eine Querulantin.
Sie machte sich mit großem Eifer an die ihr übertragenen Aufgaben.	Trotz Fleiß hatte sie keinen Erfolg.
Sie erledigte alle Aufgaben pflichtbewusst und ordnungsgemäß.	Sie war eine Bürokratin ohne Eigeninitiative.
Im Umgang mit Kollegen und Vorgesetzten zeigte sie durchweg eine erfrischende Offenheit.	Sie war sehr vorlaut.
Sie bewies ein umfassendes Einfühlungsvermögen.	Sie war geschwätzig und überwiegend auf der persönlichen Ebene aktiv.
Wir bestätigen gerne, dass sie mit Fleiß, Ehrlichkeit und Pünktlichkeit an ihre Aufgaben heranging.	Ihr fehlte die fachliche Qualifikation.
Sie war mit Interesse bei der Sache./Sie zeigte reges Interesse an ihrer Arbeit.	Sie hatte keinen Erfolg.
Vorgesetzten und Kolleg*innen war sie durch ihre aufrichtige und anständige Gesinnung eine angenehme Mitarbeiterin.	Ihr mangelte es an Tüchtigkeit.
Wegen ihrer Pünktlichkeit war sie stets ein gutes Beispiel.	... aber nicht wegen ihrer Leistung.
Ihr wurde die Gelegenheit zu Fortbildungsmaßnahmen geboten.	... die sie jedoch nicht nutzte.
Sie war eine anspruchsvolle und kritische Mitarbeiterin.	Sie ist egozentrisch und nörgelt gerne.
Sie war kontaktbereit.	... aber nicht kontaktfähig.
Wir lernten sie als umgängliche Kollegin kennen.	Sie war unbeliebt.
Sie verfügt über Fachwissen und hat ein gesundes Selbstvertrauen.	Überspielt mit Arroganz ihr mangelndes Fachwissen.
Frau Schmidt war in der Regel erfolgreich.	Das war aber eben eher selten der Fall.
Ihre Leistungen entsprachen im Allgemeinen den Anforderungen.	... aber eher unterster Durchschnitt.
Frau Schmidt zeigte nach Anleitung Fleiß und Ehrgeiz.	Von alleine hat sie nichts oder wenig getan.
Ihre Standpunkte stellt sie auf selbstbewusste Weise vor.	Sie ist arrogant/anmaßend/selbstüber-schätzend.
Frau Schmidt verfügt über ein solides Basiswissen.	Das ist aber nicht ausreichend/nur rudimentär.
Sie schied im beiderseitigen Einvernehmen aus.	Sie wurde durch den Arbeitgeber gekündigt. (Eine wirklich einvernehmliche Aufhebung wird umschrieben mit „im besten beiderseitigen Einvernehmen".)
Wir haben uns einvernehmlich getrennt.	Auf Initiative des Arbeitgebers erfolgte eine Eigenkündigung oder der Abschluss eines Aufhebungsvertrags.
Wir wünschen ihr alles Gute, insbesondere auch Erfolg.	... den sie bei uns nicht hatte.

Zeugniscodes und ihre Bedeutung

Was geschrieben wird	Was gemeint ist
Flecken auf dem Zeugnis	Negative Beurteilung des früheren Arbeitgebers
Durchstreichungen	s. o.
Textkorrekturen	s. o.
Radierungen	s. o.
Unterstreichungen	können das Gegenteil bedeuten
Ausrufezeichen	s. o.
Fettdruck	s. o.
Rechtschreibfehler	Negative Beurteilung des Arbeitgebers
Mangelhafte Interpunktion	s. o.
Anführungszeichen	Ironie des früheren Arbeitgebers
Folgende Tätigkeiten wurden von dem Arbeitnehmer verrichtet ...	Mangelnde Initiative und unselbstständiges Handeln
...; darüber hinaus hatte sie folgende Aufgaben zu bearbeiten ...	s. o.
Formulierung wie im Allgemeinen, grundsätzlich, im Großen und Ganzen, im Wesentlichen, im Rahmen der Möglichkeiten, überwiegend, in der Regel, in wesentlichen Teilen, meistens, soweit ihm/ihr dies möglich war	Indiz für eine mangelhafte Bewertung
Fehlen eines Ausstellungsdatums	Warnhinweis des früheren Arbeitgebers
Ein Punkt links von der Unterschrift	Warnhinweis des früheren Arbeitgebers: Vorsicht, Mitglied im Betriebsrat oder einer linken Organisation!
Zwei Punkte hinter dem Schlusssatz	Warnhinweis des früheren Arbeitgebers: Bitte anrufen!
Krummes Ausscheidungsdatum	Hinweis auf fristlose Kündigung
Angabe der Durchwahl des Zeugnisausstellers	Bitte anrufen!
Auffällige Gewichtung eines unwichtigen Aspekts	Negative Beurteilung

3. Checklisten

Checkliste: Zeugniserstellung – habe ich alles bedacht?	
Zutreffende Überschrift: (einfaches Zeugnis, qualifiziertes Zeugnis, Zwischenzeugnis)	☐
Name, Vorname	☐
Geburtsdatum	☐
Eintrittsdatum	☐
Austrittsdatum	☐
Funktionsbezeichnung	☐
Stellenbezeichnung	☐
Aufgabenbeschreibung	☐
Leistungsbeurteilung	☐
Zusammenfassende Leistungsbeurteilung	☐
Beurteilung des Verhaltens	☐
Zusammenfassende Verhaltensbeurteilung	☐
Umstände der Beendigung der Zusammenarbeit	☐
Bedauernsformel (nicht zwingend)	☐
Dankesformel (nicht zwingend)	☐
Zukunftswünsche (nicht zwingend)	☐
Vergangenheitsform	☐
Rechtschreibung	☐
Einheitliche Schriftform und -größe	☐
Datum des Zeugnisses (letzter Tag des Arbeitsvertrags)	☐
Zeugnisentwurf mit Mitarbeiter*in ggf. abstimmen	☐
Endfassung des Zeugnisses erstellen	☐
Zeugnis unterschreiben	☐
Aushändigung oder Versand	☐
Kopie des Zeugnisses zur Personalakte nehmen	☐

Checkliste: Unterlagen für das Beurteilungsgespräch	
Aufgabenbeschreibung	☐
Protokoll des letzten Mitarbeiter*innenförderungs- und Zielvereinbarungsgesprächs/Standortbestimmungsgesprächs	☐
Prozessbeschreibungen	☐
Projektdokumente	☐
Dokumentation von besonderen Vorkommnissen	☐
Zahlen, Fakten und Beispiele, die für die Leistungsmessung hilfreich sind (zum Beispiel Anzahl der Portfoliokinder, Anzahl von Beobachtungen, Dokumentationen, individuelle Curricula und Bildungs- und Lerngeschichten)	☐

Checkliste zur Prüfung von Zeugnissen

Anhand der folgenden Fragen können Sie entweder ein von Ihnen erstelltes Zeugnis auf „Schwachstellen" hin untersuchen oder selbst ein erhaltenes Zeugnis prüfen und ggf. intervenieren. Wenn Sie alle Punkte mit „trifft zu" beantworten konnten, dann weist das Zeugnis keine gravierenden Mängel auf. Lautet die Antwort bei einem oder mehreren Punkten hingegen „trifft nicht zu", so rate ich Ihnen, professionelle Beratung in Anspruch zu nehmen.

Prüffrage	trifft zu	trifft nicht zu
Ist der Umfang des Zeugnisses der Beschäftigungsdauer und der Funktion/Position angemessen? (1 bis 2,5 DIN-A4-Seiten)	☐	☐
Ist das Zeugnis stilistisch ohne Mängel und frei von Rechtschreibfehlern?	☐	☐
Ist die Struktur des Zeugnisses logisch? (vgl. Kapitel „Aufbau eines Zeugnisses")	☐	☐
Sind die Abschnitte „Beruflicher Werdegang" und „Aufgabenbeschreibung" wertfrei dargestellt?	☐	☐
Sind die Verhaltensaussagen nach dem Leistungsteil aufgelistet?	☐	☐
Gibt die Aufgabenbeschreibung einen detaillierten Überblick über die zentralen Aufgaben und sind die Aufgaben entsprechend ihrer Wichtigkeit aufgelistet, d. h., wird das Wichtigste zuerst benannt?	☐	☐
Wurde im Zeugnis auf passive Konstruktionen wie z. B. „wurde eingesetzt/beschäftigt als" oder „Sie erledigte (nur) die ihr übertragenen Aufgaben/die Aufgabe, die ihr übertragen wurden" verzichtet?	☐	☐
Sind im Zeugnis sogenannte dynamische Attribute wie „engagiert", „motiviert" etc. enthalten?	☐	☐
Sind die für diese Stelle/Aufgabe bedeutendsten Fähigkeiten beschrieben?	☐	☐
Wird die Arbeitsweise hinsichtlich der Aspekte „zielorientiert", „effizient etc." und „sorgfältig, gewissenhaft etc." beschrieben?	☐	☐
Wird im Zeugnis sowohl auf die Qualität der Arbeitsergebnisse als auch auf die Zielerreichung engegangen?	☐	☐
Sind Verhaltensweisen (wie z. B. „zeigte Initiative") durch Temporaladverbien (z. B. „stets", „immer", „jederzeit") und Adjektive (z. B. „stets sehr große/überdurchschnittliche Initiative") aufgewertet?	☐	☐
Ist am Ende der Leistungsbeschreibung eine zusammenfassende Zufriedenheitsaussage folgenden Inhalts angeführt („stets zur vollsten Zufriedenheit", „stets zur vollen Zufriedenheit" oder „zur vollsten Zufriedenheit")?	☐	☐
Sind keine distanziert klingenden Formulierungen (z. B. „Wir haben sie kennengelernt als ..." oder „Sie zeigte sich als ...") enthalten?	☐	☐
Wird auf tendenziell eher negativ behaftete und interpretierbare Beriffe wie z. B. „korrekt", „durchaus", „im Wesentlichen", „insgesamt", „Fehler", „Kritik", „ohne Tadel/Beanstandungen", „bemühte sich", „war bestrebt" etc. verzichtet?	☐	☐
Ist das Verhalten im Arbeitsleben beschrieben mit „war stets vorbildlich/einwandfrei/beispielhaft" oder „wurde sehr geschätzt/anerkannt" o. Ä.?	☐	☐
Sind im Verhaltensteil alle relevanten Personen, mit denen der/die Zeugnisempfänger*in zusammenarbeitete, benannt und ist dabei die Führungskraft vor den Mitarbeitenden und Kolleg*innen genannt?	☐	☐
Wird auf die Erwähnung von entweder nebensächlichen Fähigkeiten, die nicht zwingend mit dem Anforderungsprofil der Stelle in Verbindung stehen, oder Selbstverständlichkeiten („Sie war pünktlich/ehrlich etc.") verzichtet?	☐	☐
Ist im Schlussteil der Grund für die Beendigung des Arbeitsverhältnisses genannt?	☐	☐

Checkliste zur Prüfung von Zeugnissen

Prüffrage	trifft zu	trifft nicht zu
Sind am Ende die „Schlussformeln“ wie z. B. „Wir bedauern ihr Ausscheiden aus unserer Einrichtung sehr, danken ihr für ihre überaus wertvolle Mitarbeit und wünschen ihr für den weiteren Berufs- und Lebensweg alles Gute, und weiterhin viel Erfolg“ erwähnt?	☐	☐
Verzichtet der Schlussteil auf Gesundheits- und Glückwünsche wie z. B. „Wir wünschen ihr viel Glück und vor allem Gesundheit!“?	☐	☐
Endet das Beschäftigungsverhältnis laut Zeugnis, wie bei regulären Vertrags- und Kündigungsschreiben üblich, am Monatsende oder zum 15. eines Monats? (Ein „krummes“ Datum würde auf fristlose Kündigung oder Vertragsbruch hindeuten!)	☐	☐
Stimmt das Datum des Zeugnisses mit dem Datum des Ausscheidens überein?	☐	☐

Literatur

Leitprojekt Personalentwicklung in der Bundesverwaltung (2001): Bericht Personalentwicklung, Berlin: DBB Verlag.

Püttjer, C.; Schnierda, U. (2019): Arbeitszeugnisse formulieren und entschlüsseln, Frankfurt am Main: campus.

Weuster, A.; Scheer, B. (2019): Arbeitszeugnisse in Textbausteinen, Stuttgart: Boorberg.

Fink, H.; Weber, K. (2018): Qualitätsmanagement in der Kita, Stuttgart: Cornelsen.

Weber, K. (Hrsg.) (2020): Die Kita-Konzeption, Kronach/Köln: Carl Link.

Impressum

leiten kompakt: Beurteilungen und Zeugnisse ist ein Sonderheft von kindergarten heute – Das Fachmagazin für Frühpädagogik.

Redaktion
Thilo Bergmann (verantw.)
0761 / 2717-209
E-Mail: bergmann@herder.de

Sofie Raff
0761 / 2717-530
E-Mail: raff@herder.de

Franziska Aehlen
0761 / 2717-238
E-Mail: aehlen@herder.de

Anschrift der Redaktion
Hermann-Herder-Str. 4
79104 Freiburg
Tel.: 0761 / 2717-322
E-Mail: redaktion@kindergarten-heute.de
www.kindergarten-heute.de

Verlag
© Verlag Herder GmbH, Freiburg i. Br., 3. Auflage 2025
Hermann-Herder-Straße 4, 79104 Freiburg
produktsicherheit@herder.de
Alle Rechte vorbehalten
www.herder.de

Bildnachweis
Titelfoto: Mario Schmidt Photography
Fotos auf S. 28, 41 und 49: © Montessori Zentrum Ortenau e. V.
Fotos auf S. 33, 35 und 37: © Sofie Raff, March
Fotos: S. 4: picture – GettyImages; S. 5: hkama – Adobe Stock; S. 7: Mananya Kaewthawee – GettyImages; S. 9: pyty – Adobe Stock; S. 20: gesrey – Adobe Stock; S. 21: momius – Adobe Stock; S. 22: goodmoments – GettyImages; S. 25: httpwww.fotogestoeber.de – GettyImages; S. 26: Ground Picture – shutterstock; S. 29: misskaterina – Adobe Stock; S. 30: cicisbeo – Adobe Stock; S. 32: kristall – Adobe Stock; S. 39: FatCamera – GettyImages; S. 42: Halfpoint – GettyImages; S. 45: Juanmonino – GettyImages; S. 46: Pixelheld – Adobe Stock; S. 55: © Franziska Aehlen; S. 58: Elena Abrazhevich – shutterstock (2)

Layout, Satz und digitale Bearbeitung
rsrdesign, Guntersblum, www.rsrdesign.de

Druck
Medienhaus Plump GmbH, Rheinbreitbach

Leserservice
Verlag Herder GmbH
Hermann-Herder-Str. 4
79104 Freiburg
Tel.: 0761 / 2717-379 oder 0761 / 2717-244
Fax: 0761 / 2717-249
E-Mail: kundenservice@herder.de

Gedruckt auf chlorfrei gebleichtem Papier

Printed in Germany

Titelnummer: 857
ISBN Print: 978-3-451-00857-3
ISBN E-Book (PDF): 978-3-451-82439-5